KATJA REIM

Ab ins Netz?!

KATJA REIM

Ab ins Netz?!

Wie Kinder sicher in der
digitalen Welt ankommen und Eltern
dabei entspannt bleiben

Mit Sketchnotes von
Diana Meier-Soriat

Kösel

Verlagsgruppe Random House FSC® N001967

Copyright © 2017 Kösel-Verlag, München,
in der Verlagsgruppe Random House GmbH,
Neumarkter Str. 28, 81673 München
Umschlag: Weiss Werkstatt, München
Umschlagmotiv: Getty Images / Geber86;
Icons nach Illustrationen aus dem Innenteil
Lektorat: Imke Oldenburg
Satz: Leingärtner, Nabburg
Herstellung: Heidi Nübling
Illustrationen: Diana Meier-Soriat
Druck und Bindung: PrintConsult GmbH, München
Printed in Germany
ISBN 978-3-466-31079-1
www.koesel.de

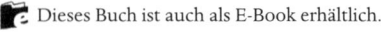 Dieses Buch ist auch als E-Book erhältlich.

Inhalt

Eltern, traut euch!
Folgt eurem Bauchgefühl!

Zum Abitur schenkte ich mir – nicht unbedingt zur Freude meiner Eltern – drei Jahre Zeit, das Leben zu erobern. Ich zog nach Berlin und liebte die Nacht. Später wurde ich Journalistin, arbeitete als Polizeireporterin und saß auch bei Müttern auf dem Sofa, die gerade ihre Kinder verloren hatten. Ich sah Angst, Verlust und Trauer. Ich spürte, wie schnell Alltag zerbrechen kann. Ich wollte leben, schnell und unbändig. Aus dem Vollen schöpfen. Und wenn ich einen sicheren Hafen brauchte, wusste ich, meine Eltern sind für mich da. Ich hatte keine Angst, etwas falsch zu machen. Ich folgte meinem Bauchgefühl von Abenteuer zu Abenteuer. Neue Jobs, neue Länder, neue Sprachen. Ich ging nach Peru, Ecuador, Mexiko, berichtete auch von Demonstrationen, Erdbeben und einem Militärputsch. Ich zog aus Liebe nach Barcelona, studierte und gab das gerade aufgebaute Leben für einen neuen Job in der alten Heimat Berlin auf. Ich fühlte mich mutig und unverwundbar.

Und dann änderte sich alles.

2007 wurde ich Mutter.

Plötzlich war ich verantwortlich für dieses kleine Lebewesen. Ich erinnerte mich an all die Mütter, bei denen ich auf dem Sofa gesessen hatte. Zum ersten Mal hatte ich wirklich Angst, etwas falsch zu machen. Zum ersten Mal verließ ich mich nicht auf mein Gespür. Ich war verunsichert. In den ersten Kindergartenjahren durfte Maria weder Ketten noch Kapuzenpullis tragen, weil die in seltenen Einzelfällen zur tödlichen Gefahr werden konnten. Ich saß nachts in der Notaufnahme, weil meine Kleine putzmunter, aber mit Flecken übersät war. Die übrigens kaum noch zu sehen waren, als wir dann endlich drankamen.

Trotzdem wuchs mein Baby zu einem aufgeweckten, kontaktfreudigen und glücklichen Kleinkind heran. So viel machte ich als Mutter also nicht falsch. Ich begann wieder auf mein Bauchgefühl zu vertrauen. Nur graute mir vor der Pubertät. Für die Zeitung schrieb ich über jugendliche Opfer des Internets. Da ging es um Cybermobbing, Spielsucht, fehlgeleitete

> Gegenwärtig gibt es noch nicht viele Orientierungsmöglichkeiten, die Eltern zeigen könnten, wie sie mit dem ständig verfügbaren digitalen Abenteuerland umgehen sollten.

Nacktfotos, unbedachte Worte, die aus der Virtualität zu tödlichen Tragödien führten. Aber auch um Jugendliche, die im Internet ihre Ideen umsetzten, ihre Talente auslebten oder die Welt ein bisschen menschlicher machten.

Es war absehbar, dass sich auch meine Tochter bald mit dem Smartphone im Kokon der Pubertät verpuppen würde. Wie konnte ich sie auf dieses Abenteuer vorbereiten? Da das

Phänomen der tragbaren und permanenten Verlockung des digitalen Abenteuerlandes relativ neu ist, fehlen Vorbilder, an denen Eltern sich orientieren können.

Dazu kommt, dass die Digitalisierung die analoge Welt immer mehr verändert. Im Leben unserer Kinder wird sie eine immens wichtige Rolle spielen. Was das für Eltern bedeutet? »Wir bereiten Kinder auf Berufe vor, die es noch gar nicht gibt; Technologien nutzend, die noch nicht erfunden sind; um Probleme zu lösen, die wir heute noch nicht kennen«, meint der amerikanische Pädagoge Karl Fisch.

Doch die Ratgeber, die ich in den Händen hielt, zeichneten das Internet – je nach Autor – entweder als leuchtendes Paradies in Bitform oder als düstere Hölle in Pixeln. So wie Manfred Spitzer, der meint, Bytes & Co. sollten aus der Kindheit verbannt werden, weil sie Gift seien und verdummen und es wichtiger sei, Erfahrungen in der realen Welt zu sammeln, draußen zu spielen, sich mit Freunden zu treffen oder sich einfach mal zu langweilen.

Für meinen Geschmack ist dieser Ansatz zu kurz gedacht. Nicht, weil ich draußen spielen, basteln oder Freunde treffen unwichtig finde. Im Gegenteil.

Aber jedes Kind wird spätestens als Teenager mit dem Internet in der Hosentasche herumspazieren. Und die Pubertät – in diesem Punkt sind sich wohl alle einig – ist ein schwieriges Alter. Für Kinder und Eltern. Elterliche Ratschläge werden dann vom Nachwuchs in den Wind geschossen, was für dessen Entwicklung sogar ein gutes Zeichen sein soll.

Ich selbst hatte mich im Alter von elf Jahren zur Adoption freigegeben, weil meine Mutter auf die absurde Idee kam, ich müsse eine Mütze tragen. Im Winter! Das mit der Adoption klappte nicht, und ich musste die blöde Mütze aufsetzen – bis zur nächsten Straßenecke. Dann riss ich mir das Ding vom Kopf und steckte es in den Ranzen. Damals ging es nur um ein paar Mittelohrentzündungen. Heute steht mehr auf dem Spiel.

Deshalb halte ich es für mehr als gewagt, digitale Welt und Pubertierende zur gleichen Zeit erstmals aufeinander loszulassen.

> Die digitale Welt und Pubertierende gleichzeitig erstmals aufeinander loszulassen, scheint mehr als gewagt zu sein.

Meine Intuition sagte mir, dass ich meinem Kind schon frühzeitig das Meer zeigen sollte, das hinter den Buchstaben www anschwillt. Noch kann ich es nämlich an die Hand nehmen und ihm die ersten Schwimmbewegungen beibringen. Ich will meine Tochter stark machen, bevor sie sich allein in die Wellen wirft. Ich will ihr beibringen, sich zu schützen, wenn ich sie nicht mehr beschützen kann.

Deshalb haben wir unserer Tochter von klein auf Medienkompetenz mit auf den Weg gegeben. Mit einer Frisuren-App lernte sie, dass Fotos manipuliert werden können. Seit der virtuellen Reise ihrer Puppe versteht sie, dass Fotos sich im Internet wie von Zauberhand vermehren. Sie bekommt digitales

Taschengeld, um auch im Internet den Wert des Geldes zu verstehen. Zur Einschulung schenkten wir ihr ein eigenes Tablet und ein kleines Stück Verantwortung für dessen zeitliche Nutzung.

Von anderen Eltern bekam ich deshalb zu hören, dass wir verantwortungslos seien und die Kindheit zerstören würden. Um meine Beweggründe nicht dauernd aufs Neue erklären zu müssen, schrieb ich sie auf und stellte sie unter *meincomputerkind.de* ins Internet.

Inzwischen ist mein Blog eine Art Tagebuch, das erzählt, wie wir Maria Stück für Stück Medienkompetenz in ihren Rucksack legen, damit wir sie eines vermutlich nicht mehr allzu fernen Tages beruhigt in ihre Pubertät aufbrechen lassen können. Medienkompetenz nicht als Wissenschaft, sondern als Übertragung klassischer Fähigkeiten und Werte wie Urteilsvermögen, Respekt oder Empathie auf die virtuelle Welt.

> **Medienkompetenz meint die Übertragung klassischer Werte wie Urteilsvermögen, Respekt oder Empathie auf die virtuelle Welt.**

Ich kann Ihnen nicht sagen, wie Sie Ihr Kind *richtig* an die neuen Medien heranführen. Denn es gibt nicht den einen, den *einzigen* Weg. Jedes Kind ist anders, jedes Kind ist einzigartig.

Jedes Kind hat eigene Bedürfnisse, eigene Fragen. Jedes Kind braucht eigene Leitplanken.

Mein Buch soll ein Kompass für digitale Exkursionen sein, mit dessen Hilfe Sie und Ihr Kind einen gemeinsamen Pfad entdecken. Ich möchte Ihnen helfen, auch in der digitalen Welt Ihrem Bauchgefühl zu vertrauen – und nicht Ihren Ängsten. Ich möchte Ihnen einige Anregungen geben, wie Sie Ihrem Sohn oder Ihrer Tochter spielerisch sowohl die Untiefen als auch die Möglichkeiten des Internets zeigen können.

Und ich verspreche Ihnen, dass der Weg vom analogen auf den digitalen Spielplatz ein aufregendes Abenteuer sein kann. Wenn Sie sich darauf einlassen, werden Sie viel Neues entdecken können. Gemeinsam mit Ihrem Kind.

1 Erziehung ist Glückssache und Zeit relativ

Als Maria noch so klein war, dass wir morgens zu den ersten Spielplatzbesuchern gehörten, saß ich mit meinem Kaffeebecher im Sandkasten und unterhielt mich mit einer anderen Kleinkindmutter. Das Gespräch in der Morgensonne plätscherte freundlich dahin, bis sie fragte: »Wie erziehst du denn deine Tochter? Nach der AP- oder der Gina-Ford-Methode?« Fast hätte ich mich am Kaffee verschluckt, so unvorbereitet traf mich die Frage. Ich hatte keine Ahnung, wovon sie sprach! Dabei war ich schon seit über einem Jahr Mutter! »Wie machst du es denn?«, fragte ich zurück, um meine Unwissenheit zu kaschieren. Während meine Gesprächspartnerin vom bedürfnisorientierten Attachment Parenting schwärmte und die feste Tagesplanung der britischen Krankenschwester Ford verdammte, pulsierte in meinem Kopf das Wort »Erziehungsmethode«. Es klang nach einem Gerüst, nach klaren Mustern, einem Masterplan. Und was hatte ich? Keine Struktur, geschweige denn einen Methode-Namen. Ich verließ mich nur auf mein Bauchgefühl, das oft genug gegen meine Ängste kämpfen musste.

Ich hatte es plötzlich sehr eilig und verließ mit Maria den Spielplatz. Auf dem Heimweg stieß ich an einem Straßenbaum auch noch auf einen Flyer, der für einen Kurs zum Erlernen einer Babyzeichensprache warb, »um die Sprachlosigkeit zwischen Kleinkindern und Eltern zu überwinden«. Obwohl meine

Tochter zufrieden im Kinderwagen saß, war der Tag für mich gelaufen.

»Den Eltern wird heute ein Maß an Verantwortung und Mitsprache für ihre Kinder zugewiesen, das es in früheren Elterngenerationen so nicht gab«, beschrieb es in jener Zeit die Studie *Eltern unter Druck*. »Eltern stellen heute hohe Anforderungen an ihre Mutter- und Vaterrolle, sie haben das Bedürfnis und Pflichtgefühl, in der Erziehung alles richtig machen zu wollen.«[1]

Tatsächlich begegneten mir täglich so viele Fragen, Entscheidungen, Unsicherheiten, durch die ich mich schaufeln musste und die nicht weniger wurden. Im Job wie in der Erziehung. Da schien ein Gerüst, eine Methode verlockend.

Andererseits birgt jeder noch so durchdachte Plan potenzielle Enttäuschungen. Mit Kindern erst recht.

Als ich einmal versuchte, Marias Trotzphasen-Wutanfall mit »Wenn du nicht aufhörst, gehe ich« zu beenden und mich demonstrativ ein paar Schritte entfernte, blieb sie einfach auf dem Bürgersteig liegen. Da hatte dann ich das Problem und nicht sie. Immerhin lernte ich auf diese Weise ziemlich schnell, nicht mit etwas zu drohen, was ich nicht durchhalten kann – oder will.

Und das war bei Weitem nicht das einzige Mal, dass meine Tochter die gängigen Erziehungs-Konzepte ad absurdum führte. So zog ich ihr als Kleinkind bewusst keine typischen Mädchensachen an. Trotzdem war Maria schon früh sehr Mädchen, liebte die Farbe Rosa, Einhörner, lange Haare und fand Barbie toll, für mich ein in Plastik gepresstes sexistisches Frauenbild.

Um eine Blondinen-Invasion aufs Kinderzimmer zu vermeiden, hatte ich eine spontane Idee, als mir Maria im Spielzeugladen eine Barbie-Puppe zeigte. Statt ihr die Puppe zu verbieten, sagte ich: »Oh Gott, die Arme. Die ist ja so furchtbar dünn. Da krieg' ich gleich Hunger.« Mein Kind fand das sehr lustig und legte die Puppe zurück ins Regal. Seitdem spürte ich in Barbies Gegenwart immer riesigen Hunger.

Trotzdem wünschte sich Maria sehnlichst einen gemeinsamen Ausflug zur »Dreamhouse Experience«, die 2013 in Berlin gastierte – eine Ausstellung, die ein lebensgroßes Barbie-Haus mit einem rosa Stöckelschuh-Brunnen davor präsentierte. Ich erfüllte ihr diesen Wunsch, auch wenn er eigentlich gegen meine Prinzipien verstieß. Es wurde ein schöner gemeinsamer Nachmittag, mit viel rosa, aber auch mit leuchtenden Kinderaugen (und leckeren Hotdogs).

> Kompromisse sind ein wichtiger Schlüssel zur Gelassenheit und zum zufriedenen Elterndasein. Sie bieten die Chance, miteinander zu wachsen, statt aneinander zu scheitern.

Ich bin mir sicher, dass Kompromisse ein wichtiger Schlüssel zur Gelassenheit und zum zufriedenen Elterndasein sind. Der Kompromiss birgt die Chance, miteinander zu wachsen statt aneinander zu scheitern.

Auch Zeitempfehlungen von Medienpädagogen sehe ich deshalb nicht als starres Gerüst, das sklavisch angewendet werden muss, sondern als Vorgaben, die ich flexibel an unser Leben anlegen kann.

Die Zeitspanne, die kleine Kinder am Tag vor dem Bildschirm verbringen – dazu zählen neben TV-Geräten auch Computer, Smartphones und Konsolen – sollte eine halbe Stunde nicht überschreiten. Die Broschüre *Mit Medien leben lernen – Tipps für Eltern von Vorschulkindern*[2] fasst die aktuellen Empfehlungen so zusammen:

→ Beim Thema Fernsehen wird geraten, dass Zwei- bis Vierjährige nur kurze Sendungen sehen sollen, nicht länger als eine halbe Stunde und vor allem nicht täglich.

→ Auch Hörspiele sollten für die Kleinen nicht länger als 20 Minuten sein und für die Vier- bis Sechsjährigen höchstens 40 Minuten dauern.

→ Zur Computernutzung heißt es, Kinder im Vorschulalter sollten nicht täglich spielen und nicht länger als 30 Minuten.

Die Bundeszentrale für gesundheitliche Aufklärung empfiehlt, bei den Sechs- bis Zehnjährigen die Mediennutzungszeit auf täglich maximal 45 Minuten zu begrenzen. Und auch die Elf- bis Dreizehnjährigen sollten nicht länger als eine Stunde vor den verschiedenen Bildschirmen verbringen.[3]

Soweit die Theorie. Die Praxis sah bei uns schon früh etwas anders aus. Zu Kindergartenzeiten durfte Maria morgens vor dem Losgehen zehn Minuten werbefreie Kindersendungen schauen, damit ich einen Moment für mich hatte und in Ruhe meinen Kaffee trinken konnte. Davon erzählte ich allerdings selbst befreundeten Müttern nur hinter vorgehaltener Hand. Aus Angst, wegen dieser 600 Sekunden den Stempel »Mutter parkt Kind vorm Fernseher« aufgedrückt zu bekommen. Abends durfte sie noch den Sandmann schauen. Trotzdem überschritten wir die empfohlene Höchstzeit von einer halben Stunde regelmäßig. Gerade am Sonntag! Weil Maria keinen Mittagsschlaf mehr brauchte – ich aber schon. Deshalb durfte Maria mit ihrem Papa zum Ausruhen erst alte DEFA-Märchen und später auf KiKa das Sonntagsmärchen sehen, während ich mich zum Mittagsschlaf zurückzog. So setzten wir uns zwar über die gängigen Zeitempfehlungen hinweg, aber wir alle waren dabei glücklich.

Nachdem mein Mann und ich uns 2012 Smartphones zugelegt hatten, durfte Maria damit auch manchmal im Restaurant oder im Zug spielen, wenn sie keine Lust mehr zum Malen hatte oder wir uns in Ruhe unterhalten wollten. Die Blicke, die wir dafür ernteten, konnten einem das Handy in der Hand gefrieren lassen. Doch ich hatte mir lange Gedanken darüber gemacht, welche Apps ich meinem Kind anbot.

Ein mögliches Kriterium waren Auszeichnungen wie der *Kindersoftwarepreis Tommi*[4] oder der *pädagogische Interaktiv-Preis Pädi*.[5] Ein anderes waren die Empfehlungen der Berliner App-Entwicklerinnen Feli und Martina auf ihrer Internetseite *ene-mene-mobile.de*.[6] Und ich informierte mich mittels der vom Ministerium für Bildung und Forschung geförderten Datenbank *Apps für Kinder – Recherche*[7], in der Spiele bewertet und empfohlen werden; dabei werden sie auf Aspekte wie Mindestalter der Kinder, Lernerfahrung, Inhalt, Interaktionsmöglichkeiten und Werbung geprüft. Dort stieß ich auch auf eine App, die lange zu unseren Favoriten zählte: Puppet Pals, ein werbefreies Kreativ-Spiel, mit dem Kinder ganz leicht eigene Trickfilme basteln können.

Und wenn Maria allein oder mit ihren Freunden damit Trickfilme aufnahm, durfte sie auch länger als eine halbe Stunde das

Smartphone und später das Tablet nutzen, weil ich fand, dass sie damit etwas kreierte. Beim Basteln kam mir ja auch nicht die Idee, nach einer halben Stunde zu sagen: Du musst jetzt aber die Schere aus der Hand legen, und ihrer Beschäftigung damit ein abruptes Ende zu setzen.

»Starre Zeitregelungen sind bei jüngeren Kindern vielleicht sinnvoll. Im Laufe der Zeit müssen die Eltern dann aber individuell entscheiden, was gut für ihr Kind ist. Dabei ist auch wichtig, ob es sozial gut verortet ist, Freunde und Hobbys hat«, meint der Medienpädagoge Ansgar Sporkmann vom Deutschen Kinderschutzbund im Gespräch. Wenn beispielsweise mal mit einem neuen Spiel stundenlang gezockt wird, sei das kein Weltuntergang. »In solchen Fällen kann man Ausnahmen fürs Wochenende vereinbaren. Meist legt sich die Begeisterung nach ein paar Tagen und die Spielzeit bewegt sich wieder im Rahmen.« Wenn Eltern aber merken, dass ihr Kind vor dem Rechner vereinsamt und kaum Freunde hat, sollten sie auch mit Mediennutzungsvereinbarungen gegensteuern (mehr dazu in Kapitel 7).

Wichtig ist auch, wofür Computer & Co. genutzt werden. »Eltern sollten beobachten und sich erklären lassen, was ihr Kind im Internet macht. Ob es sich berieseln lässt oder kreativ ist. Ob es spielt oder eine PowerPoint-Präsentation für die Schule erstellt. Ob es mit Freunden über das nächste Treffen chattet oder Hausaufgaben bespricht. So bekommen Eltern ein Gefühl dafür, wie ihr Kind die Bildschirmzeit verbringt«, mahnt Medienpädagoge Sporkmann an. Denn digitale Medien sind kein einseitiges Unterhaltungsmedium, sondern auch kreative Werkzeuge.

> Digitale Medien sind kein einseitiges Unterhaltungsmedium, sondern auch kreative Werkzeuge, die vielfältig genutzt werden können.

Und wie bei Nadel, Hammer oder Messer haben wohl alle Eltern ein mulmiges Gefühl, wenn ihr Kind zum ersten Mal danach verlangt. Jedes Werkzeug kann erschaffen oder zerstören. Trotzdem sollte man Kindern nicht in allen Details ausmalen, wie sie sich damit verstümmeln könnten, und sie so verunsichern. Bei digitalen Medien passiert das häufig, werden vor allem die Gefahren gesehen, das Kind so lange wie möglich vom Werkzeugkasten ferngehalten oder die Bastelzeit eingeschränkt. Ein Grund dafür ist sicher, dass nicht alle Erwachsenen mit ihnen so vertraut sind wie mit analogen Arbeitsgeräten. Wenn sie die in Kinderhände geben, helfen Eltern, werkeln gemeinsam mit dem Nachwuchs. Sie mahnen zwar zur Vorsicht, lassen die Kleinen aber ihre eigenen Erfahrungen machen und bewundern ihre Werke. Sie kleben Heftpflaster auf Wunden und ermuntern die Kinder, auch nach Rückschlägen weiterzumachen. Auf die gleiche Weise wollte ich Maria an den Computer heranführen.

Denn Eltern sind in den Anfangsjahren »beim Erlernen des Umgangs mit digitalen Medien die konkurrenzlos wichtigsten Akteure.«[8] Kinder lernen die virtuelle Werkzeugkiste hauptsächlich dadurch verstehen, »dass sie ihre Väter und Mütter im (digitalen) Alltag beobachten oder ihre Eltern ihnen einzelne Anwendungen erklären.«[9] Das ändert sich schnell, wenn das Internet als Smartphone in der Tasche steckt. Eltern spielen »als Ratgeber und Ideenlieferant bei Online-Themen ab dem 11. Lebensjahr der Kinder eine deutlich kleinere Rolle«. Dann hat das Wort von Freunden und Gleichaltrigen mehr Gewicht.

Deshalb wollte ich dieses knappe Zeitfenster nutzen, in dem ich für meine Tochter die digitale Autorität bin, Maria vorleben, dass das Internet weit mehr ist als Timelines, Unterhaltung, Nachrichten- und Entertainmentkanal. Ich wollte ihr zeigen, wie sie die neuen Medien für sich nutzen kann, ihre Neugierde wecken, ihre Kreativität und ihre Fantasie anregen.

Tipps dazu fand ich auch in dem großartigen Buch *Netzgemüse*,[10] in dem Tanja und Johnny Haeusler, die Mitinitiatoren der Internetkonferenz »re:publica« und selbst Eltern Heranwachsender, für eine neugierige Erziehung der Generation Internet werben. Dort las ich auch zum ersten Mal von YouTube-Tutorials.

Wenn man beim Videoportal YouTube beispielsweise »Origami Blume« ins Suchfenster eingibt, bekommt man etliche Faltanleitungen. In den Videos wird Knick für Knick gezeigt, wie man ein Blatt zur Blume falten kann. Oft sind diese Lehrfilme von Jugendlichen aufgenommen.

Als Maria im Loom-Fieber war und fisplige Gummiringe zu Armbändern flocht, wollte sie auch ein Gummi-Tier basteln. Ich wusste nicht, wie das funktionieren sollte. Deshalb holten wir uns den Computer dazu, gaben bei YouTube »Hund Loom Deutsch« ein und bekamen von einem jungen Mädchen Gummi für Gummi den Weg zum gebastelten Vierbeiner erklärt. Dabei war die »Lehrerin« nicht im Bild, nur ihre Hände. Gemeinsam mit Maria sahen wir das Video, drückten immer wieder auf Pause und bastelten der Anleitung hinterher, bis sich nach zwei Stunden die Idee materialisiert hatte. In Marias Hand saß ein blaues Gummihündchen.

Als meine Tochter wissen wollte, wie Trickfilme entstehen, schlug ich ihr spontan vor, selbst einen zu machen. Ich hatte zwar keine Ahnung, wie das funktionieren sollte, vertraute aber aufs Internet. Zuerst bastelten wir mit Kieselsteinen aus dem Garten zwei Piraten, die sich streiten sollten, und dann fotografierte Maria Bewegung für Bewegung, meist aus der gleichen Perspektive. Als sie abends schon im Bett lag, trieb mich zwar die Beschäftigung mit der Frage, welche Software ich installieren sollte, zum Hyperventilieren, doch auch dazu fand ich bei YouTube wieder Rat. Selbst wenn einige der digitalen Experten – der Stimme nach zu urteilen – noch in keine Ü-18-Disko kommen würden, fühlte ich mich geborgen. Mit ihnen lernte ich, das Programm Windows MovieMaker zu benutzen. Den fertigen Film löschte ich. Dann wiederholte ich das Ganze, bis ich mich sicher genug fühlte, das neue Wissen an meine Tochter weiterzugeben. Viel Schlaf hatte ich in dieser Nacht nicht bekommen. Aber es lohnte sich. Mit meiner tatkräftigen Unterstützung klickte Maria am nächsten Tag ihre Fotos zu einem Trickfilm zusammen und meinte nach einer Stunde: »Ist ja babyeinfach«.

Für junge Filmemacher gibt es übrigens die Internetseite trickino.de, bei der sich Kinder anmelden können, um eigene Trickfilme zu erstellen, diese mit Gleichgesinnten zu teilen und sich von ihnen Tipps zu holen. Junge Fotografen können auf knipsclub.de kreativ werden. Dort lernen sie spielerisch die wichtigsten Regeln der Fotografie, aber auch was Urheberrechte und das Recht am eigenen Bild sind, wird thematisiert. Darüber hinaus können sie in der passwortgeschützten Community eigene Fotos hochladen, liken und kommentieren.

Fotos sind überhaupt eine tolle (und einfache) Möglichkeit, um gemeinsam die digitale Welt zu erkunden, ohne die analoge aus den Augen zu verlieren. Man kann bei Ausflügen die Kinder fotografieren lassen und, wieder nach Hause gekehrt, aus den Bildern eine Collage zusammenstellen. Oder ein kleines Bestimmungsheft basteln, mit Fotos der Bäume und Blumen, neben die die gesammelten und getrockneten Blätter geklebt werden. Man kann mit Licht malen, indem die Kinder im Dunklen die Taschenlampe schwenken und davon ein Bild mit langer Belichtungszeit aufnehmen. Und daraus dann beispielsweise ein Foto-Buch erstellen.

Meine Mutter war die erste in der Familie, die mit Hilfe von Fotobuchsoftware, die sich gratis im Internet herunterladen lässt, aus unseren digitalen Erinnerungen analoge Alben und Kalender herstellte.[11] Am längsten dauerte dabei die Vorauswahl der besten Bilder aus den unzähligen Fotos, die wir im Alltag mit Smartphone und Digital-Kamera gemacht hatten. Ich fand das Ergebnis toll und fing an, ebenfalls regelmäßig die besten Fotos virtuell in Alben und Küchenkalender zu sortieren. Maria beobachtete mich dabei, durfte ab und an Sticker oder Fotos auf den Seiten platzieren.

Eines Tages wollte sie selbst ein Fotobuch zusammenstellen. Am Anfang brauchte sie noch etwas Hilfe, doch sie verstand das System schnell und war geschickt im Umgang mit der Computermaus. Sie wählte die Hintergründe, suchte die Fotos aus, ordnete sie an, setzte Sticker-Akzente und schrieb Seitentitel.

Zeit spielte in diesem Moment keine Rolle! Maria durfte so lange am Laptop sitzen, bis sie mit ihrem Album fertig war.

Manchmal nehmen wir den Computer – in Form des Smartphones – sogar mit zum Spazierengehen. Als Werkzeug und Schatzkarte. Versteckt in Parks, an Straßenkreuzungen, unter Bänken und in Mauerspalten warten nämlich kleine Schätze auf Handy-Detektive. Die digitale Schnitzeljagd nennt sich Geocaching.

Der Vater aller Geocacher war James Perrott, ein Touristenführer aus der Grafschaft Devon, der 1854 in der hügeligen Landschaft von Dartmoor eine Flasche mit seiner Visitenkarte für Wanderer versteckte. Der Finder sollte wiederum seine Karte hinterlassen. Diese Idee wurde im Jahr 2000 digitalisiert. Damals ermöglichte die Abschaltung der künstlichen Verrauschung der bis dahin militärisch genutzten GPS-Signale auch eine öffentliche Nutzung der Ortungsdaten. Der Amerikaner Dave Ulmer schlug im Frühjahr 2000 in einem Internetforum vor: Lasst uns ein weltweites Versteckspiel beginnen.[12] Die Koordinaten der geheimen Verstecke sollten übers Internet verteilt werden. Die einzige Regel: Nimm etwas heraus, und lege dafür etwas anderes hinein. Wie bei der einst von James Perrott versteckten Flasche sollte der Finder auch bei dieser digitalen Form der Schatzsuche seinen Namen hinterlassen. Schnell waren die ersten Schätze versteckt und ein Name für das Spiel gefunden: Geocaching. Inzwischen gibt es weltweit über 2,8 Millionen sogenannter Caches. Um sie zu finden, braucht man ein Nutzerprofil bei *geocaching.com* und dazu entweder ein GPS-Gerät – oder die App.

Für das Nutzerprofil meldete ich mich mit meiner Mailadresse an, und schon öffnete sich die digitale Pforte zur Welt der Schatzjäger: Ein Stadtplan mit Cache-Symbolen. Hinter jedem Symbol verbirgt sich eine Such-Beschreibung mit Schwierigkeitsgrad, Startkoordinaten oder Starträtsel, Utensilien und Attributen. So kann man gezielt nach kinderfreundlichen Schnitzeljagden suchen. In der Gratisversion werden allerdings nur wenige Caches angezeigt. Um alle zu sehen, muss man die Premium-Variante abonnieren, was für drei Monate knapp neun Euro kostet und nicht automatisch verlängert wird. Von den Anfangskoordinaten führt der Weg über Geschichten, Rätsel oder Koordinaten zum Cache. Maria darf bei der Schatzsuche mit dem Smartphone die richtige Himmelsrichtung suchen, uns zu den nächsten Koordinaten führen, am Ende unseren Cache-Namen ins Logbuch schreiben und den Schatz zurück ins Versteck legen. Sie ist begeistert von diesen Ausflügen und drängelt im Winter regelmäßig, wann wir endlich wieder als Handy-Detektive in den Park gehen. Dann ist es mir nämlich zu kalt fürs Geocachen.

Maria schlug deshalb einmal an einem verregneten Sonntag vor, in der Wohnung Caches zu verstecken. Das ging dann wieder rein analog. Ich schrieb kleine Hinweiszettel wie »Wenn Helene die Luft wegbleibt, heißt das Lied …« (Atemlos), »Die Zahl der Buchstaben im Bad dich führt …« – dort wartete hinter sieben Seifenflaschen der nächste Tipp. Als sie den Schatz im Kühlschrank gefunden hatte, versteckte Maria einen Cache, dachte sich die Rätsel dazu aus, schrieb sie auf und legte die Fährte aus, die mit »Im Kalten es liegt« ausgerechnet auf dem Balkon begann. Dort wollen wir im Frühjahr auch ein neues Internet-Projekt starten: Mohrrüben säen und regelmäßig ein Foto davon schießen, um die Bilder der wachsenden Möhren am Ende zu einem Film zusammenzupacken.

Ein Nebenaspekt unserer gemeinsamen digitalen Werkeleien war, dass ich von meinem Kind Gelassenheit lernte. Denn Maria ging ganz anders an den Computer heran als ich. Mein PC-Grundgefühl war eher von Ehrfurcht geprägt, ihres vor allem von Neugierde. Wenn etwas nicht wie geplant klappte, empfand ich das als Niederlage, bei der sich manchmal auch das »Ich hab' das Internet gelöscht«-Gefühl einstellte: Verzweiflung, gepaart mit Wut und Ohnmacht. Für Maria hingegen

> Ich lernte von meinem Kind Gelassenheit, während wir uns gemeinsam mit digitalen Werkeleien beschäftigten.

waren diese unerwarteten Schwierigkeiten Teil des schöpferischen Prozesses. Nach der »Trial-and-Error-Methode« machte sie einfach fröhlich weiter. Wenn unser Werk am Ende anders aussah als gedacht, war das für sie kein Fehler. Wie beim Basteln ging es ihr nicht darum, eine Vorlage perfekt nachzuahmen, sondern basierend auf dieser Grundidee etwas Eigenes zu gestalten.

Ich hoffe, dass ich diese Gelassenheit bewahren kann, wenn Maria ihr erstes Smartphone bekommt. Denn dann werden sich die Erziehungs-Pläne wieder hart an der Wirklichkeit reiben: Eltern sehen im Handy fürs Kind ein Instrument der Sicherheit und der Erreichbarkeit. Für den Nachwuchs hingegen ist es in erster Linie ein Kommunikationsspielzeug.

Ein Versuch elterlicher Regulierung sind Prepaid-Tarife ohne Vertragsbindung. Begrenzte Budgets – damit Kinder im Notfall anrufen können, aber nicht endlos im Internet surfen, und außerdem lernen, ihre Ausgaben zu kontrollieren, so die Idee der Eltern. Bei einer meiner Freundinnen war »Prepaid versus

> Während der Nachwuchs das Handy als Kommunikationsspielzeug sieht, ist es für Eltern ein Instrument der Sicherheit und der Erreichbarkeit.

Flatrate« ein nervenaufreibendes Dauerthema mit ihren pubertierenden Töchtern. Dass sie am Ende nachgab, lag daran, dass öffentliche WLAN-Hotspots ihre pädagogischen Bemühungen zunichtemachten. Statt sorgsam mit ihrem Prepaidkredit umzugehen, lernten ihre Töchter, sich offene WLAN-Netze zu suchen. Dort surften sie dann, sobald das Karten-Guthaben aufgebraucht war, was meist schon nach kurzer Zeit der Fall war. Meine Freundin konnte deshalb nicht sicher sein, dass sich die Töchter im Notfall melden würden, weil sie ohne Guthaben auch nicht anrufen konnten.

Selbst eine Flatrate garantiert Eltern keine Erreichbarkeit der Kinder. Zwar können sie sich mit unbegrenztem Anrufguthaben jederzeit melden, aber das Datenvolumen ist auch bei Flatrates begrenzt. Deshalb stellen Jugendliche ihr Smartphone oft auf Flugmodus, wenn sie nicht im Internet surfen. So können die Apps wie WhatsApp oder Instagram keine Daten durch Hintergrundaktualisierungen verbrauchen. Allerdings landet auch jeder Anruf auf der Mailbox – und wenn die voll ist, im Nichts. Während sich die besorgten Eltern dann die schlimmsten Szenarien ausmalen, weil sie ihr Kind stundenlang nicht erreichen können, hängt es vermutlich nur mit Freunden ab und spart Daten.

Im Flugmodus lassen sich momentan auch noch sogenannte »Parental Control«-Apps vorübergehend abschalten. Apps also, die ängstliche Eltern heimlich auf den Smartphones und Computern ihrer Kinder installieren, um zu kontrollieren, wo sie sich aufhalten, wie lange sie im Netz surfen, mit wem sie chatten, welche Seiten sie besuchen, welche Nachrichten sie empfangen. Diese Art der Monitoring-Software mit Namen wie »Little Nanny« oder »mSpy« verspricht Eltern Überblick über den Aufenthalt der Kinder und die zeitliche Nutzung des Internets. Man kann bei einigen dieser Programme sogar Alarmfunktionen aktivieren, wenn ein festgelegter Radius verlassen wird. Das funktioniert vielleicht sogar – aber nur so lange, wie das Kind den massiven Eingriff in seine digitale Privatsphäre nicht bemerkt und zu Gegenmaßnahmen wie Flugmodus oder Zweithandy greift.

Eines geht mit diesen Überwachungs-Methoden aber ganz sicher verloren: Gegenseitiges Vertrauen! Und das ist ein viel wichtigerer Schutz gegen das Abgleiten in virtuelle Welten als jede Zeitkontrolle.

Die Medienpädagogin Julia Rommeley befragte für ihre Studie über exzessive Mediennutzung[13] 30 Jugendliche darüber, wann für sie Daddeln und Surfen zur Sucht wird. Die befragten

14- bis 18-Jährigen erklärten, »Übertreiber« seien »einsam, getrieben, gestresst, unsicher und angespannt.« Wer sich auf der Suche nach Anerkennung in die virtuelle Welt zurückzog, immer Angst hatte, online etwas zu verpassen, auf jeden Post antwortete, um dazuzugehören – den rückten sie in die Nähe eines Junkies. Wer auch Zeit mit Freunden und Familie verbringen konnte, Hobbys und Vertraute hatte, war in ihren Augen normal, selbst wenn er stundenlang in Computerspiel-Welten oder Chats abhing.

Die Jugendlichen maßen digitale Abhängigkeit nicht in Zeit, sondern in Gefühlen. Nicht die Dauer der Nutzung, sondern das Fehlen analoger Schutz-Häfen barg für sie das größte Suchtpotenzial. Zu viel bedeutet für sie eigentlich zu wenig: Zu wenig Vertrauen, zu wenig Selbstvertrauen, zu wenig Anerkennung, zu wenig Geborgenheit.

> Mit Überwachungs-Methoden geht eines verloren: gegenseitiges Vertrauen! Und das ist ein besserer Schutz gegen das Abgleiten in virtuelle Welten als jede Zeitkontrolle.

Statt mir über Zeitfenster den Kopf zu zerbrechen, will ich deshalb lieber überlegen, wie ich für Maria einen Leuchtturm bauen kann, damit sie später bei ihren digitalen Abenteuern immer wieder in den analogen Hafen zurückfindet! Vertrauen ist dabei ein wichtiger Baustoff.

ELTERN UNTER DRUCK

FRAGEN   ENTSCHEIDUNGEN   UNSICHERHEITEN

KOMPROMISSE sind ein wichtiger SCHLÜSSEL

ZEITEMPFEHLUNG?
Theorie ≠ Praxis

TIC TAC
TIC TAC

INDIVIDUELLE ENTSCHEIDUNG

STARRES GERÜST AUFBRECHEN

JEDES WERKZEUG KANN ERSCHAFFEN ODER »»» ZERSTÖREN ←«

VIRTUELLE WERKZEUGKISTE

neue medien nutzen
- neugierde
- KREATIVITÄT
- FANTASIE

DIGITALE ERKUNDUNGEN MIT FOTOS

Beobachten

ALS TORTURIAL   ERKLÄREN

YOUTUBE

GEOCACHING

GELASSENHEIT ≥LERNEN≤
EHRFURCHT VS. NEUGIERDE

SCHWIERIGKEITEN SIND TEIL DES SCHÖPFERISCHEN PROZESSES!

PREPAID IST AUCH KEINE LÖSUNG

ÜBERWACHUNG ZERSTÖRT ≥VETRAUEN

SUCHT? hat was mit ≥GEFÜHLEN≤ zu tun nicht mit ≥ZEIT≤

BAUEN SIE EINEN LEUCHTURM FÜR EINEN SICHEREN SCHUTZHAFEN

Klick-Tipps*

Für die Suche nach passenden Apps & Co.

www.dji.de – Im Suchfenster »Datenbank« eingeben und Sie kommen zur »Apps für Kinder«-Recherche, in der Spiele nach Zielgruppe und Genre sortiert und empfohlen werden.

www.deutscher-computerspielpreis.de – Der Deutsche Computerspielpreis zeichnet in 14 Kategorien Spieleproduktionen aus Deutschland aus.

www.studioimnetz.de/projekte/paedi-der-paedagogische-interaktiv-preis – Der Interaktiv-Preis *Pädi* zeichnet Apps, Games und Webseiten für Kinder und Jugendliche aus.

www.familieundco.de/tommi-kindersoftwarepreis – Der Kindersoftwarepreis Tommi prämiert Apps, elektronisches Spielzeug sowie PC- und Konsolenspiele.

www.digita.de – Preisträger und Nominierte des Bildungsmedien-Preises *Digita*.

www.ene-mene-mobile.de – Empfehlungen von Berliner App-Entwicklerinnen.

Das Internet als kreatives Werkzeug

www.trickino.de – Junge Filmemacher können eigene Trickfilme erstellen, sich Tipps holen und sich mit Gleichgesinnten austauschen.

www.digitalparents.at – Ideen fürs Basteln mit Smartphone und PC.

www.knipsclub.de – Werbefreie Foto-Plattform nur für Kinder, auf der sie eigene Fotos veröffentlichen und sich Tipps holen können.

www.auditorix.de – Ideen, Informationen und Spiele rund ums Hören.

www.geocaching.com – Schatzkarte zur digitalen Schnitzeljagd.

* Diese Tipps erheben keinen Anspruch auf Vollständigkeit; sie stellen lediglich eine Auswahl an hilfreichen Webseiten zum jeweiligen Thema dar.

2 Warum Werbung unglücklich machen kann

Kinder lassen einen die Welt mit anderen Augen sehen. Zwangs-läufig. Erst als meine kleine Tochter an jedem öffentlichen Fernsprecher stehenblieb und »anrufen« musste, fiel mir auf, wie verdammt viele Telefonzellen es noch gibt. Auch Kaugummi-Automaten hingen in großer Zahl an den Hauswänden, an de-nen ich schon tausendmal vorbeigegangen war, ohne einen einzigen von ihnen zu bemerken. Dank selektiver Wahrneh-mung konnte ich Unwichtiges – wie bis dahin Telefonzellen und Kaugummi-Automaten – einfach ausblenden. Für mich zählte das Ziel: Ankommen am Spielplatz zum Beispiel. Für Maria hingegen war jeder Spaziergang ein Ausflug in eine Wun-derwelt voller Eindrücke. Manchmal brauchten wir deshalb eine Stunde für einen Weg, den ich normalerweise in zehn Minuten zurücklegen würde.

> Kinder lassen uns Eltern die Welt mit anderen Augen sehen – sie lenken unsere Aufmerksamkeit auf Dinge, die wir sonst gar nicht mehr wahrnehmen.

»Nie wieder im späteren Leben ist ein Mensch so offen für neue Erfahrungen, so neugierig, so begeisterungsfähig und so lerneifrig und kreativ wie während der Phase der frühen Kindheit«, so der Neurobiologe Prof. Dr. Gerald Hüther.[14] Mit eben dieser Neugierde und Begeisterung betrachten Kinder auch Werbeplakate, die wir Erwachsenen längst übersehen.

»Guck mal, Mama, das ist das glücklichste Baby, das ich je gesehen habe«, meinte Maria eines Tages an der Bushaltestelle zu mir. Während ich alle Kinderwagen in meiner Nähe scannte, erzählte mir Maria schon eine Geschichte dazu. »Vielleicht hat es seine Mama ganz lange nicht gesehen und ist deshalb so froh.« »Welches Baby denn?«, fragte ich leicht genervt. »Na da, auf dem Foto!« Das »Foto« war ein Werbeplakat für ein Volksfest und das Model im Säuglingsalter dank Fotoshop zu einem strahlenden, überdimensionalen Glückskeks mutiert. »Schatz, das ist Werbung und das Foto nicht echt.« Nun war es Maria, die genervt schaute. Schließlich knipste sie selbst seit kurzem mit ihrer digitalen Kinderkamera, und die Fotos darin waren alles Abbildungen von echten Menschen, realen Kuscheltieren und – nicht zu vergessen – ihrem Kater.

Wie also konnte ich behaupten, Fotos seien nicht echt?! Meine Argumente überzeugten sie nur sehr bedingt. Schließlich sei das Baby ja echt, und wenn es gar nicht so glücklich sei, wäre das ja gelogen. Und Lügen soll man nicht. Recht hatte sie. Und doch haben wir Erwachsenen uns daran gewöhnt, dass retuschierte Bilder uns Ideale, Produkte und Lifestyle verkaufen. Wenn von einem Supermodel wie Cindy Crawford aus Versehen ein unbearbeitetes Foto die Spuren, die die Zeit auch an ihrem Körper hinterlassen hat, zeigt, ist das sogar weltweit eine Nachricht. Dass wir millionenfach belogen werden, ist hingegen Konsens. Wie erkläre ich das einem Kind? Ich versuchte es mit einem »Naja-manchmal-ist-Schwindeln-ja-auch-okay«-Gespräch, bis der Bus anrollte und mich erlöste. Vorläufig.

Als Maria mich das nächste Mal in der Redaktion besuchte, sollte sie »Schwindeln« lernen, und ich bat einen lieben Kollegen, ihr eine Fotoshop-Lehrstunde zu geben. Wir fotografierten Maria, und dann konnte sie ihrem Konterfei am Bildschirm Hörner aufsetzen, sich die Haare orange färben und eine krumme Hexennase mitten ins Gesicht pflanzen. Maria hatte Spaß und zeigte ihr Bild abends ganz stolz dem Papa. Aber eher wie etwas Selbstgemaltes, nicht wie eine bewusste Schummelei.

Deshalb lud ich mir bald darauf eine Frisur-Änderungs-App aufs Handy. An einem verregneten Sonntag lagen wir faul auf der Couch und Maria durfte damit spielen. Sie fotografierte sich und probierte allerhand unterschiedliche Haarschnitte und -farben aus. »Wollen wir mal Oma erschrecken?«, fragte ich. Und als wir der Oma ein Foto von Marias angeblicher neuer Kurzhaar-Frisur schickten und die gleich darauf aufgeregt anrief, fand auch Maria, dass man manchmal schummeln kann. Aber nur ein bisschen …

Ihre Wahrnehmung von Reklame beeinflusste diese Erfahrung aber erst einmal wenig. Das lag sicherlich auch daran, dass Maria noch nicht wirklich klar war, was Werbung eigentlich ist – obwohl sie in ihrer kleinen Welt schon omnipräsent war: Als Anzeige in Kinderzeitungen, als bunte Kaufempfehlung auf dem Cover des Märchenbuchs, als Punktesammelaktion auf der Cornflakes-Packung oder als Beipackheftchen in Spielzeugverpackungen.

Eines Tages reichte es mir! Maria besuchte mich am Abend in der Redaktion und bekam von einer netten Kollegin eine kleine, noch originalverpackte Plastikfigur geschenkt. Neben der »So baut man mich zusammen«-Anleitung gab es *natürlich* auch ein kleines Büchlein mit anderen tollen Figuren. Maria war begeistert und ich genervt. »Guck mal, Mama, eine Geschichte«, sagte sie und hatte nur Augen für den Prospekt, während das lächelnde Mini-Pferdemädchen unbeachtet auf meinem Schreibtisch lag. »Nein, Schatz, das ist Werbung. Und Werbung macht unglücklich!« »Warum?« »Weil du mir gleich erzählst, welche Figuren du haben willst.« »Ja, die und die und guck mal, die ist doch schön.« »Ja, Schatz. Und jetzt sag' ich dir: Kriegst du nicht. Was bist du jetzt?« »Traurig.« »Siehste, dabei hast du eigentlich was Neues bekommen und könntest so schön spielen.«

Zwar meinte Maria darauf erst mal nur: »Das ist gemein«, und schmollte mit mir. Aber schließlich spielte sie mit ihrem neuen Püppchen. Beim nächsten Mal schmiss sie das Beipackheftchen in den Papierkorb und erklärte mir: »Das ist Werbung und ich will ja nicht unglücklich sein.«

Allerdings gab es Irritationen um den neuen Begriff. Für mich war Werbung das Propagieren von Produkten im Sinne von Reklame. Das ist der Begriff, der bis zum Beginn des 20. Jahrhunderts gebräuchlich war und sich vom französischen réclame, »anpreisen«, ableitet.

Für Maria zählten zur Werbung auch die Ankündigungsschnipsel im Fernsehen. »Mama, die Werbung sagt, morgen kommt Dornröschen bei KiKa!« Das war also Werbung, die hielt, was sie versprach: Wenn sie am nächsten Tag das KiKa-Sonntagsmärchen einschaltete, wartete dort Dornröschen.

Den eigentlichen Zweck der Werbung lernte Maria dann schließlich dank einer Packung Knetseife! Die sah auf dem Aufsteller-Foto ganz toll aus, und die Kinder, die damit spielten, strahlten. Maria *musste* sie haben. Und bekam sie. Am Abend stellte sie in der Badewanne fest, dass das Spielen mit der Knetseife nicht halb so viel Spaß machte, wie das Foto versprochen hatte. Statt filigraner Figuren ließen sich nur klobige Männchen formen.

So konnte ich ihr erklären, dass Werbung vor allem dazu dient, Dinge zu verkaufen. »Dann ist das ja wieder gelogen«, meinte mein badendes Kind aufrichtig empört. »Geschwindelt, würde ich sagen. Das ist, als würdest du sagen, du bist eine echte Prinzessin. Das stimmt ja auch nur ein klitzekleines bisschen. Beim Spielen kannst du eine Prinzessin sein, aber du hast kein Königreich.« Diese Erklärung schien ihr logisch. Und als ein paar Tage später die neue Zahnpasta aus der vom Papa gekauften Comicfigur-Tube nicht schmeckte, meinte sie triumphierend: »Papa ist auf die Werbung reingefallen.«

Wie schnell genau das Kindern passieren kann, belegt eine Studie zum Thema Onlinewerbung[15]: Auf der Hälfte der 100 Lieblings-Webseiten von Kindern sind demzufolge Werbung oder werbeähnliche Botschaften zu finden – aber nur 18 Prozent der Sechs- bis Elfjährigen können diese eindeutig identifizieren. Das liegt auch daran, dass sie in so vielen Gestalten daherkommt: Als Filmchen vor dem eigentlichen Film, als aufploppendes Pop-up-Fenster, als bunt blinkendes Banner, als störendes Overlay-Fenster vor der eigentlichen Webseite, als In-App-»Hier-gibt-es-mehr«-Versprechen, als bekannte Kinderheldenfigur oder als Gewinnspiel. Und das ist erst der Anfang.

»Ich glaube, dass wir eines Tages in der Lage sein werden, einander vollständige reichhaltige Gedanken mit Hilfe von Technologie zu übermitteln«, schrieb Facebook-Gründer Mark Zuckerberg am 30. Juni 2015 im Facebook-Chat über die Pläne seines Unternehmens. In Zukunft könnte es ausreichen, etwas zu denken und die Social-Media-Freunde würden es sofort miterleben.

Wenn die Software-Entwickler die Träume ihres Chefs wahr werden lassen – und ich bin mir sicher, sie arbeiten hart

> Auf vielen der Lieblings-Webseiten von Kindern ist Werbung zu finden – aber nur ein Bruchteil der Sechs- bis Elfjährigen können diese eindeutig identifizieren.

daran –, wird Marias Generation mit einer noch nicht vorstellbaren Macht von Werbung überrollt werden. Der Like-Daumen wird sich direkt in die Gehirne bohren. Die Freude der Freundin über ein neu gekauftes T-Shirt wird die anderen mit Glücksgefühlen fluten – selbst wenn sie das Teil eigentlich hässlich finden. Produkte werden sich so einbrennen – und Rollenbilder ebenso.

Im Sommer 2015 hat die spanische Künstlerin Yolanda Dominguez für ihr Video-Projekt »Kids vs. Fashion«[16] Achtjährigen

Werbemotive bekannter Modemarken gezeigt und sie beschreiben lassen, was sie sehen. Die gestylten Schönheiten von Prada & Co. wurden als zickig, traurig, hungrig oder verzweifelt wahrgenommen. Frauen, die beschützt werden müssen. Die männlichen Models hingegen beschrieben die Grundschülerinnen und Grundschüler mit Attributen wie Stärke und Selbstbewusstsein. Männer wie Superhelden.

Dieser kindliche Blick auf die Hochglanzmodels hat mich erschreckt und mir die Augen geöffnet. Dass ich nämlich noch genauer hinsehen muss, was mein Kind umgibt. Um rechtzeitig gegensteuern zu können, bevor sie der Werbung glaubt und Klischees oder Rollenbilder verinnerlicht, die sie auf Plakaten sieht, an denen ich achtlos vorbeigehe.

Klick-Tipps

www.surfen-ohne-risiko.net/online-werbung/ – Internetangebot des Familienministeriums zum Thema Onlinewerbung.

www.kinder-onlinewerbung.de – Online-Ratgeber für Eltern und Pädagogen.

www.klicksafe.de/themen/einkaufen-im-netz/werbung – Wissenswertes zu unterschiedlichen Werbeformen im Netz.

3 Alles nur gespielt: Hänsel setzt keinen Notruf ab

Stellen Sie sich vor, im Fernsehen läuft Hänsel und Gretel. Die beiden sitzen im Wald am Feuer und glauben ihren Vater in der Nähe. Irgendwann fallen ihnen vor Müdigkeit die Augen zu. Als sie erwachen, ist es finstere Nacht. Gretel fängt an zu weinen: »Wie sollen wir nun wieder aus dem Wald kommen?«

Dass es sich bei dem Film um Fiktion handelt, erkennt ein Kind vielleicht daran, dass Hänsel in diesem Moment nicht nach seinem Smartphone sucht und sie so lange im dunklen Wald herumirren, bis er endlich Netzempfang hat, Google-Maps aufrufen kann und mit seiner Schwester im Schein des Displays oder der integrierten Taschenlampe nach Hause läuft.

Die permanente Präsenz der Medien ist für Kinder so normal wie Autos auf der Straße. Im Alter von drei Jahren hatte meine Tochter einen Wunsch an die Zahnfee und fragte mich: »Kannst du sie anrufen?« Als ich verneinte, meinte sie ganz selbstverständlich: »Dann schick der Zahnfee eine Mail!«

Für meine Tochter gab es keine Grenzen zwischen Fantasie, realer, fiktiver und virtueller Welt. Für sie war es ein Planet. Einer, der mit jedem Jahr immer größer, aufregender und spannender wird. Auf dem sie ferne Länder besuchen kann, ohne zu verreisen. Andere Kulturen und Schicksale kennenlernen kann.

Ein Planet, auf dem sie sich aber auch verlieren könnte.

Bevor Maria allein zu ihren Reisen aufbrechen würde, wollte ich sie deshalb in der Realität beheimaten. Ohne dabei ihr Mitfühlen in emotionsloser Sachlichkeit zu ersticken. Eine Gratwanderung zwar, aber notwendig, damit sie ihre Wirklichkeit

> Für Kinder ist
> die permanente Präsenz
> der Medien in unserem Leben
> mittlerweile so normal wie Autos
> auf der Straße.

nicht nach fremden Idealen, sondern nach ihren eigenen Wünschen gestalten könnte. Nicht am Schicksal eines virtuellen Avatars zerbrechen oder ihr eigenes Leben für das einer Serienheldin vernachlässigen würde.

Schon als Kleinkind durfte Maria auch Fernsehen schauen, kurze Trickfilme und den Sandmann im werbefreien KiKa. Ihr Favorit war Caillou, die Figur eines kleinen, fast glatzköpfigen Jungen, der mit seiner Familie im Garten spielt, in der Küche backt oder ähnliche Alltäglichkeiten erlebt. Die gezeichneten Linien markierten eine Grenze zwischen Geschichte und Wirklichkeit.

Anders bei Filmen mit Schauspielern: »Die Realitätsbeurteilung fällt Kindern im Vorschul- und frühen Grundschulalter noch schwer: So werden zwar Programme, die eindeutig unrealistisch sind – wie etwa Zeichentrickfilme – auch so eingestuft. Ansonsten aber halten die Kinder alles für real, was auch real aussieht.«[17]

Als ich klein war, gab es zwischen mir und den Kindern hinter dem Bildschirm noch eine klare Barriere: Meine brandenburgische Kinderwelt schillerte in allen Farben, die Fernsehwelt dagegen blieb schwarz-weiß. Für Maria existiert diese optische Abgrenzung nicht mehr. HD-Flachbildschirme haben sogar das erklärte Ziel, »schärfer als die Realität« zu sein.

> Kinder halten alles
> für real, was auch real aussieht.
> Zwischen Fiktion und Wirklichkeit
> unterscheiden Kinder treffsicher
> erst ab dem späteren
> Grundschulalter.

Und der nächste TV-Trend könnte die Verschmelzung von Fiktion und Realität werden. Auf der Consumer Electronics Show (CES), der weltgrößten Fachmesse für Unterhaltungselektronik, wurde 2016 auch ein Hydraulik-System präsentiert, das eine Couch dazu bringt, sich zum Bildschirmgeschehen mitzubewegen. Je nachdem, was im Film passiert, kippt das Immersit-Sofa nach rechts oder links, vibriert, hebt oder senkt sich. So können sich die Kleinen bald mit Hänsel und Gretel über das Hexenhäuschen beugen.

ALLES NUR GESPIELT - HÄNSEL SETZT KEINEN NOTRUF AB

PRÄSENZ DER MEDIEN NORMAL WIE AUTOS AUF DER STRASSE

WO IST DIE GRENZE ZWISCHEN
- FANTASIE
- REALER WELT
- FIKTIVER WELT
- VIRTUELLER WELT

REAL   VIRTUELL

HÄNSEL & GRETEL

- SCHAUEN SIE MIT IHREM KIND EINFACH MAL DAS **MAKING OF**

- ODER DREHEN SIE EINEN **FILM**

Dabei fühlen Kinder vor dem Bildschirm auch jetzt schon mit allen Sinnen mit. Beobachten Sie Ihren Nachwuchs mal, wenn er vor dem Fernseher sitzt. Wie er sich mit den Helden der Geschichte identifiziert, mit ihnen mitleidet, mitfiebert und sich mitfreut. Maria rief dann manchmal laut »Ja« und warf die Hände in die Luft, selbst bei Caillous sehr übersichtlichen Zeichentrick-Abenteuern.

Was, wenn Hänsel und Gretel aus ihrer Vorlese-Fantasiewelt auf den Bildschirm wandern würden? Ich wollte ihr vorher den Unterschied zwischen Fiktion und Realität begreifbar machen. Damit sich meine Tochter am Ende nicht vielleicht schuldig fühlte, weil sie die Hexe in den Ofen geschubst hat. Dafür inszenierten wir einen Mord vor laufender Kamera.

Maria spielte damals gern die Märchen nach, die sie vorgelesen bekam. Schneewittchen, König Drosselbart, Aschenputtel. Am liebsten mit mir, weil sie dann die Prinzessin sein konnte und ich freiwillig sämtliche Rest-Rollen übernahm. Mit ihren kleinen Freundinnen hingegen dauerten die Besetzungs- und Kostümgespräche oft den ganzen Nachmittag, weil jede die Prinzessin sein und keine den fiesen Part übernehmen wollte.

Manchmal erbarmte ich mich und bot mich als Notbesetzung an. So stand ich einmal als böse Stiefmutter zwei reizenden Schneewittchen gegenüber. Die andere Mutter, eine gute Freundin, filmte unser Spiel mit der Videokamera. Die Mädchen improvisierten. Anders als im Original durfte ich am Ende nicht einfach nur vor Neid tot umfallen. Die beiden Schneewittchen rissen mich zu Boden, hauten die Böse mit ihren Zauberstäben tot und freuten sich diebisch.

Danach sahen wir uns das selbstgemachte Schneewittchen-

Remake an und ich erklärte, dass so auch Filme fürs Fernsehen gemacht werden. Mit dem Unterschied, dass Schauspieler selten selbst bestimmen dürfen, was als nächstes passiert.

Und wir gingen häufig in die Kindervorstellung eines kleinen Theaters. Am Ende des Stücks zog dann ausnahmsweise mal ich das Anziehen in die Länge. So lange, bis Frau Holle und Pechmarie wieder umgezogen waren, und Maria sie in Alltagskleidung sehen konnte. Ich deutete auf die Schauspielerinnen und meinte: »Guck mal, das ist die Frau, die grad eben noch die Goldmarie war.«

Als wir dann begannen, gemeinsam mit Maria bei KiKa das Sonntagsmärchen zu schauen, erinnerte ich sie an ihren Bildschirmauftritt als Schneewittchen. »Das spielen die, so wie du damals.« Gut zu sehen war das bei alten DEFA-Kinderfilmen, wenn Manfred Krug als König Drosselbart durchs Papp-Aufsteller-Schloss lief oder Karin Ugowski als Goldmarie bei Frau Holle ein Fenster putzte, das auf einem Sockel mitten im Raum stand.

Bei der neueren Dornröschen-Verfilmung war es schon nicht mehr so ganz offensichtlich. Als nach dem Erwachen der Prinzessin der Küchenjunge eine gescheuert bekam, fragte Maria: »Das war auch nicht echt, oder?« Mein »Alles gespielt« beruhigte sie.

Manchmal schauten wir auch Kinderfilme auf DVD und sahen danach – quasi als Grenzbesuch – die »Making-of«-Extras an.

Inzwischen ist Maria neun Jahre alt und unsere gemeinsamen Fernsehfilm-Momente haben sich verlagert. Auf Freitag. Dann gibt es bei KiKa um 19.30 Uhr einen Kinder- und Jugendspielfilm in »Lollywood«. Manchmal berühren die Geschichten mich so sehr, dass ich wie bei *Finn und die Magie der Musik* weinen muss. Dann tröstet mich Maria: »Mama, das ist nicht echt!«

Trotzdem werden wir in ein paar Jahren wieder eine Unterhaltung über Realität und Fiktion führen. Nämlich dann, wenn meine Tochter anfängt, sich dafür zu interessieren, was nach dem Happy End passiert. Was der Prinz mit Dornröschen nach dem Hochzeitskuss anstellt. Ob zufällig oder gewollt, wird sie dabei auf Pornos treffen. Für meinen Mutter-Geschmack garantiert viel zu früh. Vielleicht sogar schon vor der Pubertät.

Auch ich habe mich als Pubertierende manchmal nachts zum Fernseher geschlichen und heimlich *Erotisches zur Nacht* geguckt, Softpornos des DDR-Fernsehens. Es war mehr eine Andeutung als eine Anleitung. Kein Vergleich mit dem, was meine Tochter im Netz finden wird.

2011, als noch nicht jeder das Internet im Smartphone mit sich herumtrug, hatten 50 Prozent der 13-jährigen Jungen schon mal einen Porno gesehen, bei den gleichaltrigen Mädchen waren es 15 Prozent, so die Studie *Jugendsexualität im Internetzeitalter*.[18] Immerhin die Hälfte der befragten heranwachsenden Frauen gab an, Pornos auch zu gucken, um zu sehen, »wie das so gemacht wird«.

Auf Seiten wie YouPorn und Pornhub finden Jugendliche mit wenigen Klicks Filme, in denen der Prinz wirklich alles zeigt, wenn er zur Prinzessin ins Bett steigt, die, scheinbar wild und unersättlich, vielleicht auch noch den Gärtner dazuholt. Mit realer Sexualität hat das wenig zu tun.

Deshalb möchte ich auch, dass Maria später den Unterschied zwischen Porno-Sex und Liebe-Machen kennt. Und weiß, dass nicht alle beliebten Film-Stellungen im wahren Leben so verbreitet sind. Damit sie ihrem Gefühl folgt und nicht den Verrenkungen der Darstellerinnen.

Gemeinsam anschauen müssen wir die Porno-Filme deshalb nicht. Das wäre Maria ebenso wie den meisten ihrer Altersgenossen wohl ziemlich peinlich. Aber ich kann sie auf gute Informationsquellen zum Thema Sexualität aufmerksam machen. Es gibt beispielsweise die unverkrampften Aufklärungsvideos des YouTube-Kanals *61MinutenSex*. Oder die mit Jugendlichen gemeinsam gedrehten Filme des Medienprojekts Wuppertal, zum Beispiel *Geiler Scheiß*. Mit wem sie die dann ansieht, bleibt ja ihr überlassen.

 **Klick-Tipps**

www.flimmo.de – Besprechungen des aktuellen Fernsehprogramms und Tipps zur Fernseherziehung.

www.youtube.com/user/61MinutenSex – YouTube-Aufklärungskanal von Sexualpädagogen.

www.medienprojekt-wuppertal.de – Stichwort Shop, Thema Sexualität. Hier finden Sie spannende (Kurz-)Filmproduktionen von Jugendlichen.

4 Datenleck im Kaufmannsladen

Es war ein verregneter Tag. Wir konnten ohne schlechtes Gewissen zu Hause bleiben, faulenzen und im Schlafanzug spielen. Maria wollte Verkäuferin sein. Sie stellte So-tun-als-ob-Süßigkeiten für die Puppenkinder neben ihre Kasse, ordnete die Regale ihres Kaufmannsladens und öffnete. Ich kaufte Katzenfutter, Kaffee, Waschmittel, Saft, Zitronen, Mohrrüben und packte auch ihr unschlagbares Sonderangebot – einen Gratisfisch – ins rote Einkaufskörbchen. Als es ans Bezahlen ging, brach plötzlich die reale Welt ins Spiel. Maria wollte wissen: »Haben Sie eine Kundenkarte?«

Schon 1959 führte der Stuttgarter Warenhaus-Unternehmer Heinz Breuninger die ersten Kundenkarten in Deutschland ein. Damals noch aus Papier, boten sie die Möglichkeit, »anschreiben« zu lassen. Die Idee hatte Breuninger von einer Amerikareise mitgebracht. Inzwischen gibt es kaum noch einen Laden, der seine Kunden nicht zu diesem Service drängen will. Für die Herausgabe von Adressen und Einkaufsgewohnheiten gibt es Rabatte oder Treuepunkte und Werbung in die Briefkästen.

US-Supermarktketten sind dank der Datenflut, die Kunden freiwillig an der Kasse hinterlassen, in der Lage, sogar Schwangerschaften zu erkennen. Greift eine Frau beispielsweise plötzlich zu unparfümierter Lotion, Körperöl und Vitamin-Tabletten, flattert ihr kurz darauf Werbung für Babysachen ins Haus.

Wie in dem Fall, den 2012 die *New York Times*[19] beschrieb: Ein Vater hatte sich beim Shopping-Unternehmen Target über unpassende Schwangerschafts-Werbung beschwert, die per Mail im Postfach seiner minderjährigen Tochter landete. Wie sich später herausstellte, war das Mädchen wirklich schwanger. Der Vater musste seine Beschwerde zurückziehen.

> Bei Starbucks können Eltern ihren Kindern am lebenden Erwachsenen zeigen, was passiert, wenn man Fremden seine Daten verrät.

Grundsätzlich war Maria schon klar, dass sie mit ihren persönlichen Angaben achtsam umgehen sollte. Bei diesem Thema kann übrigens ein gemeinsamer Spaziergang in Starbucks-Nähe nützlich sein. Mit etwas Glück können Eltern ihren Kindern dort am lebenden Erwachsenen zeigen, was passiert, wenn man Fremden seine Daten verrät. Denn bei Starbucks geben Kaffeedurstige freiwillig ihren Vornamen preis – und vergessen fast sofort wieder, dass er auf den Becher geschrieben wird. Wenn jemand mit seinem Namen in der Hand vorbeischlendert, kann man einfach freundlich »Hallo« und den Namen auf dem Becher rufen. Zu dem verdutzten Gesichtsausdruck kommt vielleicht noch ein »Kennen wir uns?« Dann könnte man spontan eine Grillparty bei Anke erfinden (fast jeder hat in seinem erweiterten Bekanntenkreis eine Anke) oder das Ganze auflösen. Fürs Kind ein lustiges und prägendes Erlebnis – und wahrscheinlich nachhaltiger als die Drohung mit dem bösen schwarzen Mann.

Deshalb wunderte mich, dass Maria plötzlich meine Daten wollte. Wozu brauchte sie meine Kundenkarte? Ihre Antwort war verblüffend simpel: Sie wollte eine Karte durch den Kassenschlitz ziehen, für ein schönes Plopp-Geräusch. Und da das Papiergeld, mit dem ich bezahlen sollte, keinen Plopp machte, blieb nur die Kundenkarte. Die Frage danach hörte sie immer wieder, wenn sie mit uns einkaufen war. Aber bisher war mir das nie so bewusst gewesen, und wir hatten noch nicht darüber gesprochen.

Wie im echten Laden antwortete ich mit: »Ich habe keine Kundenkarte.« Maria ließ nicht locker: »Ich kann Ihnen eine geben.« »Dann fühle ich mich aber so beobachtet.« Diesmal war meine Tochter baff.

Ich erklärte ihr, dass auf diesem Plastikkärtchen alle Einkäufe gespeichert werden können und ich es beängstigend finde, wenn die Verkäuferin sich an Dinge aus meinem Leben erinnern kann, die ich längst vergessen habe. Das fand sie einleuchtend. Als wir die Rollen im Kaufmannsladen tauschten, sagte sie zu mir, dass sie keine Kundenkarte hat. »Die kann spionieren.«

Danach war sie wieder die Verkäuferin. Und die wollte ihre Kasse zum Ploppen bringen. Deshalb meinte Maria nach meiner Kundenkarten-Absage: »Wir haben hier eine ganz neue Karte. Die spioniert nicht. Die ist nur so, damit man weiß, dass Sie das gekauft haben. So als Beweis. Aber sie kann es sich nicht merken.« Ich nahm die Karte. Wir hatten Spaß – und der Kaufmannsladen ein Datenleck.

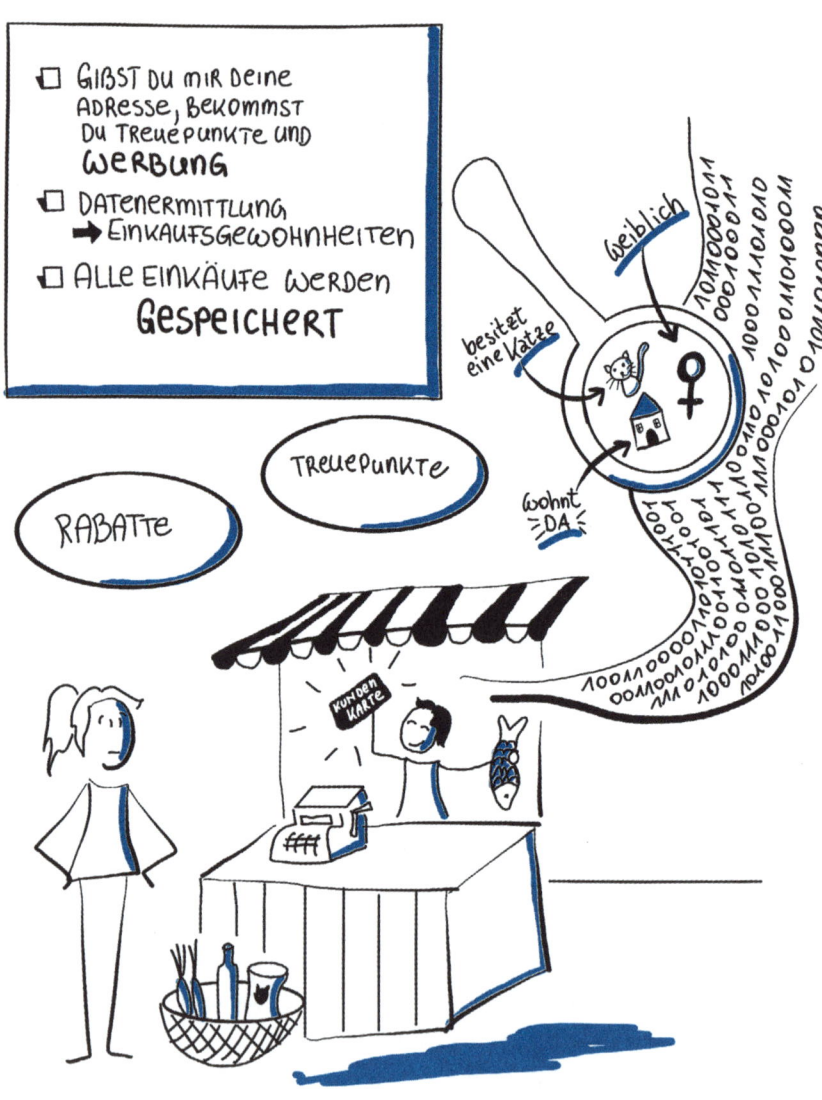

Als Maria Wochen später mit einer Freundin Einkaufen spielte, wurde sie auch nach ihrer Kundenkarte gefragt. Dieses Mal wollte Maria genau wissen, welche »Geschenke« sie dafür bekommen würde. Die Verkäuferin musste ihr fast den halben Kaufmannsladen versprechen, bis sie ihre Kundenkarte herausrückte. Nach einem kurzen Moment der Enttäuschung dachte ich: »Sie hat das System verstanden. Und sie hat ein Recht darauf, festzulegen, was ihr ihre Daten wert sind.«

 **Klick-Tipps**

www.seitenstark.de/kinder/datenschutz/linkliste – Linksammlung mit Seiten, Videos und Spielen rund um das Thema Datenschutz.

www.netzdurchblick.de – Internetratgeber rund ums Thema Datenschutz für Jugendliche.

5 Es geht eine Puppe auf Reisen

Für meine Tochter gehört es zum Alltag, fotografiert zu werden. Anders als in meiner Kindheit, als eine Filmrolle für drei oder vier verschiedene familiäre Höhepunkte ausreichen musste, drücken wir heute am Smartphone fast täglich auf den Auslöser. Maria mit Eisfleck, beim Basteln, beim Spielen im Park, Maria mit ihrer Freundin oder auf dem Fahrrad. Es gibt wenige Situationen, die nicht für die Ewigkeit festgehalten werden. Aus den Highlights gestalten wir ein Fotobuch zum Verschenken oder schicken die Bilder im Familienchat an die Oma und die Tante in Mexiko. Allerdings posten wir die Fotos unserer Tochter nicht für alle Freunde sichtbar auf Facebook oder Instagram.

Mein Mann und ich hatten anfangs Marias Babybilder bei Facebook geteilt. Doch je älter sie wurde, desto mehr fragten wir uns, ob das für sie später in Ordnung sein würde. Schließlich gaben wir sie damit der digitalen Ewigkeit preis. Obwohl ich als Kind viel weniger fotografiert wurde als Maria, gibt es Bilder, bei denen ich froh bin, dass sie analog sind, in Schachteln und Alben verwahrt.

Um Maria so weit wie möglich davor zu schützen, dass in Teenagerjahren dann vielleicht als peinlich empfundene Fotos auf der digitalen Pinnwand aufploppen oder sie sich auf irgendwelchen obskuren »Niedliche-Kinder-Seiten« wiederfindet, entschieden wir uns, keine Fotos von ihr in die Timeline zu stellen. Maria war damals ungefähr zwei Jahre alt. Wir sprachen mit dem Rest der Familie und baten darum, ebenfalls zurückhaltend zu sein.

Auch auf meinem Blog und später im Buch nutzte ich weder Marias richtigen Namen noch Fotos, auf denen sie zu erkennen wäre. So wurde es für unsere Tochter normal, dass wir ihr manchmal Fotos befreundeter Kinder in unserer Facebook-Timeline zeigten oder ich ihr einen Blogbeitrag vorlas – und sie dort keine Bilder von sich fand.

Ich machte mir keine Gedanken darüber, was das in ihr auslösen könnte. Im Gegenteil. Ich hielt mich für eine tolle und verantwortungsbewusste Mutter. Bis wir an einem Frühlingsabend nach einem Kindergeburtstag nach Hause spazierten. Plötzlich hielt Maria an und fragte mich ernst: »Mama, schämst du dich für mich?«

Ich war geschockt. Wie sie auf so eine Idee kommen könnte? »Weil du auf deiner berühmten Seite keine Fotos von mir hast!« Dass Maria diese wohlüberlegte Entscheidung als Ablehnung empfinden könnte, war mir nicht ansatzweise in den Sinn gekommen. Und so versuchte ich mich hektisch zu rechtfertigen. »Weißt du, Schatz, vielleicht gefällt dir das Bild irgendwann nicht mehr. Und wenn es auf meiner Seite steht, kann es jeder sehen. Auch Leute, die wir nicht kennen.« »Dann ist das in allen Handys und Computern?« Irgendwie schon. »Wie viele sind das?«

Laut *internetlivestats.com* gibt es weltweit über 3,2 Milliarden Internetuser.[20] Theoretisch könnten also über 3 400 000 000 Menschen Marias Foto sehen. Eine Zahl, die sich nicht greifen lässt. Maria überlegte kurz und beschloss ganz pragmatisch: »Dann löschen wir's einfach, und es ist weg.«

In der analogen Welt hätten wir das Problem damit gelöst. In der digitalen aber herrschen andere Gesetzmäßigkeiten. Das versuchte ich ihr zu erklären: »Das ist ein bisschen wie zaubern. Als wenn ich dir ein Foto gebe und du daraus zwei machen kannst und eines an deine Freundin weitergibst. Und die findet es so schön, dass sie daraus drei macht und weitergibt. Wenn ich von dir das Bild zurückhaben will, kannst du mir nur deins wiedergeben. Die anderen gibt es weiter.« Maria sah mich zweifelnd an. Sie wollte mir glauben – schließlich bin ich ihre Mama –, aber das klang nun wirklich zu abgedreht.

Ich wollte aber unbedingt, dass sie versteht, warum ich keine Bilder von ihr ins Netz stellte. Dass es auf keinen Fall gegen sie gerichtet war. Im Gegenteil. Deshalb schlug ich Maria am nächsten Tag vor, ein Foto ihrer Puppe auf den digitalen Zauberweg zu schicken.

Um die Reise nachvollziehen zu können, baten wir darum, ein bisschen Magier zu spielen, das Bild zu verändern und es uns zurückzuschicken. Maria glaubte mir das Ganze immer noch nicht so richtig, war aber einverstanden. Sie bereitete ihre Puppe Anna mit einer Nachricht auf das Abenteuer vor und schoss das Bild, während ich eine Mailadresse für die Rückmeldungen einrichtete. Dann begann Annas Reise auf meinem Blog und bei Facebook.

Schon am gleichen Tag meldete sich Anna das erste Mal zurück: Mit Rahmen und Sprechblase. Wie immer kontrollierte ich zuerst den Inhalt der Mail. Danach zeigte ich Maria die Nachricht mit den Bildern ihrer Anna. Sie betrachtete jedes Foto eingehend und erzählte mir, was sich geändert hatte. Oft hatte Anna sich verdoppelt oder neue Kleider an, manchmal

lächelte sie, hielt einen Affen, Hunde, Blumen und sogar eine
Cola in der Hand. Sie stand auf einer Wiese, vor einem See und
im Schwimmbad, wurde Fee, Pippi Langstrumpf, Kätzchen,
Punkerin und Chefin von Deutschland. »Und das kann man
auch mit Fotos von mir machen?«, wollte Maria oft wissen. »Ja,
mein Schatz.«

Bei Facebook gab es vereinzelt Kritik an der Aktion. Maria
sei zu jung, um sie mit dem Thema Fotos im Internet zu be-
helligen, der Ansatz fragwürdig und wahrscheinlich nicht nach-

> Jetzt nahm Maria mir ab,
> dass sich Fotos im Internet
> wie von selbst vermehren können,
> das Löschen hingegen nicht
> so einfach ist.

haltig, warfen mir einige vor. Andere meinten, ich würde so
um Aufmerksamkeit buhlen und nicht an meine Tochter denken. Auch von dieser Kritik erzählte ich Maria und las ihr einige
Kommentare vor. Sie fand natürlich überhaupt nicht, dass sie
zu jung sei. Aber, so erklärte ich ihr: »Wenn man was ins Internet stellt, kann es auch sein, dass andere das doof finden und
das schreiben.«

Zumeist gab es jedoch zustimmende Reaktionen. Dank der
vielen digitalen Reisehelfer hatten wir nach zwei Tagen schon
ein richtiges Reisetagebuch. Manchmal begleitete Anna sogar

ein Gruß an die Puppenmutti, in dem stand, wo ihre Kleine gerade Station machte. Dann zeigte ich Maria die Stadt auf der Weltkarte. »So weit geht das Internet?«, meinte sie ungläubig, als eine Mail aus Paris kam, wo wir im Jahr zuvor ein paar Tage Urlaub gemacht hatten. Ja, so weit. Und noch viel weiter.

»Das alles musst du bedenken, wenn du Fotos von dir ins Internet stellst«, meinte ich später zu ihr. Maria war beeindruckt und glaubte mir endlich, dass sich im Internet Fotos wie von Zauberhand vermehren können – und sich nicht einfach löschen lassen.

Als die Nachrichten an die Puppenmutti abebbten, wollten wir aus den Bildern noch ein richtiges Plakat machen, aber der Alltag kam dazwischen. Die Puppe Anna verlor ihren Status des Lieblingsspielzeugs an Teddy, den Bären, und ihre Reise geriet in Vergessenheit.

Maria bewegte ein Ausflug sehr analoger Natur. Wir planten in den Sommerferien nach Amsterdam zu fahren, um das Haus von Freunden zu hüten und auf ein paar Hühner aufzupassen. Maria wollte unbedingt lernen, wie man ein Kükenwerde-Ei von einem Frühstücks-Ei unterscheidet. Ein nahezu unmögliches Unterfangen.

Mitten im Urlaub meldete sich aus heiterem Himmel auf meinem Handy das Puppenmutti-Postfach mit neuen Bildern von Anna. Wieder kontrollierte ich die Mails, bevor ich sie Maria zeigte. Sie freute sich, sah sich jedes Foto an und las die Grüße an sie laut vor. Dann wollte sie wissen: »Woher kommen die jetzt?« Ich hatte keine Ahnung. Und es wurden immer mehr. Es war fast ein bisschen unheimlich. Die einzige Erklärung, die ich geben konnte: »Im Internet geht nichts verloren. Und irgendwie haben die Leute Annas Foto gefunden.«

Am nächsten Tag klärte sich alles auf. »Finger weg von unseren Kindern«, ein Verein der Jugendhilfe und Kriminalprävention[21], hatte auf seiner gut besuchten Facebook-Seite den Beitrag zu Annas Reise geteilt. Weil der Verein selbst auch eine liebe Mail geschickt hatte, konnte ich Maria erzählen, wie die virtuelle Reise weitergegangen war, dass nämlich der Text aus meinem Blog und das Bild auf einer anderen Internetseite geteilt worden waren. »Und das merkst du nicht?«, fragte sie etwas ungläubig. »Nein, mein Schatz, da hat man keine Kontrolle.«

Wir redeten lange darüber, dass dieser Kontrollverlust gute und schlechte Seiten haben kann. Ich erzählte ihr, dass es toll sein kann, wie im Fall von Annas Reise oder wenn Menschen für etwas kämpfen, Unterstützung brauchen oder Helfer, um einen Spielplatz zu verschönern. Dann kommen plötzlich ganz viele Menschen zusammen – und sei es nur im Internet. Allerdings könnten auch böse Sätze über jemanden so immer größer werden. »Und dann kann man es nicht mehr überall löschen, stimmt's?«, kombinierte Maria und schlussfolgerte: »Da muss man ganz schön vorsichtig sein.«

Annas Reise ist inzwischen schon über ein Jahr her, doch Maria ist immer noch vorsichtig, obwohl sie noch keinerlei Social-Media-Dienste nutzt. Wenn ich Fotos an die Omas schicke, will sie wissen, ob die »nur« für die Familie sind, also als Mail oder im Chat geschickt werden. Und sie möchte die Bilder vorher kontrollieren. Mancher niedliche Schnappschuss landete bei ihrer Qualitätskontrolle im Papierkorb. Auch das gehört dazu.

Und als letztens eine ältere Dame im Park fragte, ob sie ein Foto von ihr machen könnte, meinte Maria: »Da muss ich erst mal meine Eltern fragen.« Da es eine unverfängliche Situation war, durfte sie selbst entscheiden, ob sie fotografiert werden wollte. Nachdem die Dame erschöpfend Auskunft auf Marias Fragen nach dem Warum gegeben hatte – sie wollte das Foto ihren Enkeln zeigen – stimmte sie zu.

Ich hoffe, dass meine Tochter diese Umsicht auch mit in ihre Pubertät nimmt. Bevor sie sich dann mit dem Laptop, Tablet oder Smartphone in die scheinbare Privatheit ihres Zimmers zurückzieht, möchte ich sie dazu bringen, aus Annas Reisebildern ihren Bildschirmschonern und ihr Handy-Hintergrundbild zu gestalten. Als Erinnerungen an die Zauberkräfte des Internets.

 **Klick-Tipps**

www.kindernetz.de/infonetz/medien/netzwerke – Webseite vom SWR mit Informationen rund ums Thema Soziale Netzwerke und Fotos.

http://seitenstark.de/kinder/themenfische/1067 – Linksammlung zu Kinderseiten rund um das Thema Fotografie.

6 Digitales Taschengeld

Sie sind überall! Diese kleinen bunten Verlockungen, an denen Kinder einfach nicht vorbeigehen können. Schokolade neben der Supermarktkasse, Stofftierchen in der Tankstelle, Kinderhelden an Kettchen im Kleidungsgeschäft oder auf Müsliriegeln im Bio-Laden. Selbst in Apotheken warten in Kinderaugenhöhe bunte Unnützlichkeiten wie Meerestiere mit Badeschaum. Der Nachwuchs reagiert darauf je nach Alter und Erschöpfungszustand mit einer breiten Palette von Bitten: Vom freundlich bettelnden »Kaufst du mir das?« bis hin zum auf dem Boden liegend gebrüllten »Meine!«

Impulsware in der Greifzone nennen Marketing-Experten diese Umsatzbringer im Kassenbereich. Oder Quengelware, weil sie Eltern entweder Geld oder Nerven kosten. Schon seit Anfang der 1990er-Jahre ziehen Verbraucherschützer gegen diese »Nötigung« ins Feld.[22] 2015 stimmte der Bundestag für einen Koalitionsantrag zur »Stärkung der gesunden Ernährung«, in dem die Regierung aufgefordert wird, »darauf hinzuwirken, dass ›quengelfreie‹ (süßigkeitenfreie) Kassen in Supermärkten angeboten werden«.[23] Dass es dazu flächendeckend kommen wird, ist trotzdem unwahrscheinlich. Die Kassenzone gehört zu den umsatzstärksten Bereichen in Läden.

Als meine Dreijährige dort abgekämpft auf dem Boden hockend um ein Überraschungsei weinte und ich vor Wut fast platzte, hätte ich jeden Quengelkassen-Sturm mitgemacht.

Inzwischen sehe ich sie eher als Trainingsgelände. Für mich und meine Tochter. Dieser Sinneswandel begann damit, dass ich Maria beim Einkaufen zehn Cent gab – »ein Geld«.

Wenn sie an der Kasse eine Süßigkeit begehrte, erklärte ich ihr, dass sie dafür fünf Geld bräuchte. Für ein Geld würde sie aber schon ein Brötchen bekommen. Plötzlich war die Verlockung an der Kasse keine Entscheidung mehr zwischen böser Mutti und guter Mutti, sondern zwischen Brötchen und Süßigkeit. Maria entschied sich dafür, ihre Münze aufzuheben und zu sammeln, bis sie fünf Geld zusammen hätte. Ab diesem Moment wurde gemeinsames Einkaufen um vieles entspannter.

Deshalb entschieden wir uns schon zu Kindergartenzeiten dafür, Maria regelmäßig 50 Cent Taschengeld zu geben. Wir sagten ihr, dass wir weiterhin Bastelsachen und Bücher kaufen würden, andere Begehrlichkeiten aber von ihrem Taschengeld abgedeckt werden müssten. Als Maria ihren ersten Euro zusammen hatte, wollte sie einkaufen gehen. Unglücklicherweise gibt es im Spielzeugladen wirklich verdammt wenige Artikel in der unteren Preisklasse. Deshalb war der erste Shopping-Ausflug mit ihrem Geld für meine Tochter sehr unbefriedigend. Nachdem sie mir eine Stunde Spielzeug angeschleppt hatte und ich ihr jedes Mal die Wochen oder Monate vorgerechnet hatte, die sie dafür sammeln müsste, waren wir beide frustriert. Das Projekt Taschengeld stand auf der Kippe.

Um die Situation zu retten, schlug ich einen Ortswechsel vor und wir gingen zum Ein-Euro-Laden an der Ecke. Dort gab es ein ganzes Regal mit Krimskrams, den Maria sich leisten konnte. Nach einer schier endlosen Analyse des Angebots schwankte sie minutenlang zwischen einem Knicklicht und einem Schweinchen aus Plastik. Sie entschied sich für ersteres, zahlte an der Kasse und verließ, ein kleines Stück gewachsen, das Geschäft.

Allerdings machte ich auf dem Heimweg einen entscheidenden Fehler: Statt meinem Kind die Freude über ihre ersparte Errungenschaft zu gönnen, kam die besorgte Mutti in mir durch. Ich meinte zu meiner Tochter, dass sie das Knicklicht am nächsten Tag unbedingt in den Müll werfen müsste, weil da Chemie drin war. Den Rest des Weges bereute mein Kind weinend seine Wahl und wollte das angebrochene Knicklicht gegen das Plastik-Tierchen tauschen. Ich war kurz davor, Maria noch einen Euro zu geben. Einfach, um meine Ruhe zu haben. Andererseits würde ich damit Leitplanken einreißen, die gerade erst aufgestellt worden waren. Welchen Sinn hätte das Ganze dann noch?

Am Ende des Tages hatten wir beide etwas gelernt: Meine Tochter, dass Einkaufen nicht automatisch glücklich macht. Und ich, dass ich meine Klappe zu halten und ihre Entscheidung zu akzeptieren habe. So verkniff ich mir später auch beim Kauf eines Topmodel-Ausmalheftes und verschiedener Star-Wars-Sammelkarten meinen Kommentar. Es war schließlich ihr Geld.

Als Maria ihre Ausflüge in die digitale Welt begann, standen wir wieder vor dem Quengelkassen-Problem. Ihr Kindertablet kam mit einigen vorinstallierten Spielen wie »Wo ist mein Wasser?«, bei dem man dem Krokodil Swampy Wasser in seine kaputte Dusche leiten muss. Maria war begeistert – und bekam schnell mit, dass man innerhalb des Spiels neue Figuren dazubekommen könnte. Auch gegen Geld. »Mama, guck mal, die ist doch so niedlich. Können wir die nicht holen?«, fragte sie mit großen Augen. Selbst bei Memory-, Abc- und Malspielen gab es häufig bezahlbare Erweiterungen. Und bei den Spielen auf unseren Smartphones blinkte bunte Werbung für neue Spiele dazwischen.

Mein Mann und ich überlegten, wie wir damit umgehen wollten. Sollten wir eine digitale Supernanny installieren? Inzwischen gibt es eine große Auswahl an spezieller Kinderschutz-

> Als Maria ihre Ausflüge in die digitale Welt begann, standen wir vor einem Problem, das uns in seiner analogen Variante sehr vertraut war: die Quengelkasse.

software. Sie protokolliert und meldet den Suchverlauf, sperrt Webseiten, Videoplayer oder Download-Programme oder verhindert In-App-Käufe. Je mehr ich dazu recherchierte, desto weniger überzeugten mich diese Konzepte. Der in der *Süddeutschen Zeitung* erschienene Artikel »Wie Kinder sicher surfen« brachte es gut auf den Punkt: Um die Sperren auszuhebeln, müssten Kinder keine begabten Hacker sein. Auf der Spielwiese Internet finden sich jede Menge Erklärvideos, die Schritt für Schritt zeigen, wie Kindersperren zu umgehen sind. Auch so, dass die Eltern davon nichts mitbekommen. »So sinnvoll es also ist, etwa einen Kinderschutzfilter zu installieren, umso weniger kann man sich darauf verlassen, dass die teuer gekaufte und mühsam eingerichtete Schutzsoftware auch tatsächlich ihre Funktion erfüllt.«[24]

Wir entschieden uns gegen eine Extra-Kinderschutzsoftware. Auch bei unseren Tablets, die Maria mitbenutzen durfte. Nur bei den Smartphones hatten wir die In-App-Sperre aktiviert. Sonst gaben wir uns die volle Dosis Quengelkasse. Allerdings mit einer finanziellen Einschränkung: Auf keinem Gerät wird im App-Store mit Kreditkarte, PayPal oder per Telefonrechnung eingekauft oder abonniert. Stattdessen nutzen wir Guthabenkarten. Die gibt es beispielsweise im Wert von 10, 25 oder 50 Euro in Drogerien, Supermärkten oder Kaufhäusern. Der Code auf der Karte wird freigerubbelt und dann mit der jeweiligen ID verknüpft. Dann kann man damit Musik, Filme, Spiele oder Zauberkräfte herunterladen. Die Karten gibt es für Apple unter dem Namen iTunes-Guthaben oder für Android-Geräte als Google-Play-Karten. Das ist manchmal ein bisschen unbequem, wenn das Guthaben nicht reicht und man erst wieder in der analogen Welt eine neue Karte kaufen muss, bevor es ans digitale Shoppen geht. Es hat aber auf der anderen Seite den unschlagbaren Vorteil, dass Maria selbst im schlimmsten Fall nur eine sehr begrenzte Summe ausgeben könnte.

> Wenn das Geld in der digitalen Welt erst mal ausgegeben ist, ist es futsch. Auch, wenn der Käufer noch gar nicht geschäftstüchtig ist.

Denn wenn das Geld erst mal ausgegeben ist, ist es futsch. Auch, wenn der Käufer gar nicht geschäftsfähig ist und heimlich auf Papas Tablet unterwegs war. Dass hatte ein Kollege von mir erfahren müssen, als er dem Sohn kurz sein iPad überließ, in dem Glauben, dass der die Passwörter nicht kannte. Aber Kinder sind verdammt gute Beobachter. Und so hatte er, als ihm der Sohn das Tablet zurückgab, in einer Gratis-App ein Abo abgeschlossen. Damit wurde das Spieler-Ich, auch Avatar genannt, stärker und mächtiger. Papas Wut allerdings auch. Der Hammer war, dass es keine Möglichkeit gab, die erste Abbuchung per Telefonrechnung rückgängig zu machen. Obwohl mein Kollege mehrere nervenaufreibende Telefonate führte und das In-App-Abo sofort kündigte. Bei alledem hatte er aber Glück im Unglück und weniger als zehn Euro verloren.

Der Brite Lee Neale wurde erst in dem Moment darauf aufmerksam, dass seine Tochter spielend shoppen ging, als sein Bankkonto eingefroren wurde. Er hatte der damals Achtjährigen auf seinem iPad unter anderem die Gratisversionen des Ankleidespiels »Campus Life«, der Tiersimulation »My Horse« und die App »Schlumpfdorf« installiert. Und sie hatte sich heimlich das Passwort gemerkt, dass er beim Downloaden der Spiele eingab. Damit konnte sich das Mädchen durch In-App-Käufe Extras wie Juwelen, Münzen und Upgrades holen. Ohne zu begreifen, dass sie echtes Geld ausgab, verspielte die kleine Lily so in sechs Tagen 2000 britische Pfund. Zwar wurde Neale als ID-Inhaber per Mail über die Käufe unterrichtet, aber er las seine Mails nicht regelmäßig. Sein Problem, meinte der Konzern. Erst nachdem Lee Neale den Fall öffentlich machte und auch Zeitungen wie der *Mirror*[25] darüber berichteten, lenkte Apple ein und erstattete ihm die 2000 Pfund zurück.

So viel Lehrgeld riskierten wir dank der Guthaben-Karten nicht mehr. Trotzdem hätte es uns ähnlich ergehen können. Denn wie der kleinen Lily fehlte auch Maria in der virtuellen Welt der reale Bezug zum Geld. Sie sah nur, dass Mama oder Papa einen Code eingaben – den sie wahrscheinlich längst auswendig kannte – und anschließend das Gewünschte auf dem Bildschirm erschien. Damit sie für virtuelle Lockenwickler, Zauberkräfte oder Landgewinne kein Vermögen ausgeben konnte, luden wir nur 10 oder 15 Euro Guthaben auf unsere IDs. Das grundsätzliche Problem war damit aber noch nicht gelöst.

Lange dachten wir darüber nach, wie wir Maria auch in der digitalen Welt den Wert des Geldes begreiflich machen konnten. Am Ende entschieden wir uns für eine Art Taschengeld. Wir kauften für 15 Euro eine Google-Play-Karte. Darauf klebte ich 15 gelbe Punkte in Form eines Smileys. Jeder Punkt symbolisierte einen Euro. So würde Maria sehen können, wie das Internet-Geld weniger wird. Die Karte bekam sie zum Geburtstag geschenkt. Danach richteten wir für ihr Kindertablet eine extra ID ein, ohne ihr Zugangsdaten und Passwörter zu geben. Die würde sie, wenn sie uns beobachtete, sicher noch früh genug mitbekommen. Zumindest am Anfang wollten wir die »Einkäufe« erledigen. Aber sie durfte bestimmen, was gekauft wurde. Dafür musste sie allerdings mit den Punkten ihrer Internetgeld-Karte zahlen.

Apps zum Lernen oder Basteln oder neue Spiele für die Reise bezahlten weiterhin wir. Wenn Maria hingegen eine Anzieh-App oder ein Kümmerspiel erwerben wollte, musste sie es sich selbst holen. Wie an der echten Quengelkasse wurden die Reibereien weniger. Denn statt einem »Nein« hörte sie jetzt ein »wenn du möchtest, kannst du dir das Spiel kaufen«. Bis sie wirklich ihr Punkte-Gesicht anriss, verging aber eine lange Zeit.

Denn noch bevor Maria richtig lesen konnte, hatte sie schon die Bedeutung des Wortes »gratis« verstanden. In ihrer Welt hieß das: Ich bekomme das Spiel, und der Smiley bleibt ganz. Auch die Diamanten und Extras musste man ja nicht unbedingt kaufen. Bei Spielen, die nach kurzer Zeit auf einen Zukauf bestanden, war Maria eher zum Löschen bereit als zum Bezahlen.

Das brachte mich wieder zum Nachdenken. Statt sich ein ordentliches Spiel mit schöner Grafik zu kaufen, würde sie sich lieber mehrere mit Werbung überfrachtete Gratis-Spiele herunterladen.

1 man ist selbst das PRODUKT

> Gratis bedeutet nicht umsonst! Für kostenlose Leistungen im Internet zahlen wir, indem wir mit Werbeeinblendungen, In-App-Käufen und Ähnlichem beschossen werden.

o. eigene → Daten hergeben!

Das hatte ich nun auch nicht gewollt! Deshalb führten wir ein langes Mutter-Tochter-Gespräch. Ich erklärte ihr, dass auch gratis nicht umsonst bedeutet. Dass die Leute, die die Spiele kreierten, ja auch Geld brauchen, um davon leben zu können.

Deshalb holten sie sich von den Spielern ihre Daten, ihre Zeit oder ihre Aufmerksamkeit und verkauften die an anderer Stelle.

So ganz konnte mir Maria nicht folgen. Deshalb zeigte ich ihr den Unterschied zwischen einem gekauften Spiel, das keine Werbeinblendungen hatte, und meiner Gratis-Solitaire-App. Bei dem mit Geld bezahlten Spiel konnte sie nach jeder Runde sofort wieder neu anfangen. Spielte sie hingegen Solitaire, musste sie sich jedes Mal Werbung zeigen lassen. Mit der Stoppuhr sammelten wir die Sekunden, die ihr so verloren gingen und zu Minuten wurden. Danach konnte sie sich sogar noch an einige der Einblendungen erinnern. Das war die Aufmerksamkeit, die sie bezahlt hatte.

Anschließend unterhielten wir uns wieder einmal über den Wert von Daten – eine der wichtigsten Ressourcen der zukünftigen Einkaufswelt.

Beim Digital Masterminds @ Base_Camp in Berlin sprach der US-amerikanische Informatiker Jaron Lanier im Juni 2015 darüber, wie die Mischung aus Informationsüberangebot, errechneten Empfehlungen und menschlicher Bequemlichkeit eine ganze Generation verändern könnte. Der Internetpionier und Autor[26] befürchtet, dass unsere Kinder wie dressierte Hunde über jeden Algorithmus springen könnten, den ihnen das Netz hinhält. Und die raffiniertesten Stöckchenwerfer seien Facebook, Google und Amazon. Auf ihren riesigen Servern läuft zusammen, was ich kaufe, was ich klicke, was mir gefällt, was mich interessiert, wo ich mich bewege, was ich suche und mit wem ich kommuniziere. »Behavioral data« – individuelle Verhaltensmuster, die jeder Nutzer im Internet hinterlässt. Damit lassen sich Trends berechnen, passgenau zugeschnittene

Werbung verkaufen, Vorhersagen machen und Entscheidungen manipulieren.

Wenn jemand nur sieben Vorschläge bekommt, kann er sich alle durchlesen, abwägen und sich eine eigene Meinung bilden. Wem der virtuelle Helfer aber hunderte Möglichkeiten anbietet und vorsortiert, wird sich wahrscheinlich nur die ersten ansehen – und ihnen Glauben schenken.

So wies der US-Verhaltensforscher Rob Epstein[27] darauf hin, dass Google über den Ausgang von Wahlen in der analogen Welt entscheiden kann. Dafür analysierte er das Verhalten von rund 4500 unentschlossenen Wählern in Indien und Nordamerika. Es zeigte sich, so Epstein, dass bei bis zur Hälfte der Unentschlossenen die virtuelle Welt das Kreuzchen beeinflusste. Die Gunst der Wähler verschob sich in Richtung des Politikers, der weit oben in den Suchergebnissen auftauchte.

Facebook manipulierte 2013 für eine Studie über die Gefühle seiner Nutzer ohne ihr Wissen deren Timeline. Die Einträge der virtuellen Freunde wurden vorgefiltert, einige bekamen mehr positive Nachrichten zu sehen, andere eher negative. Das Ergebnis: Menschen mit »netterer« Timeline neigten dazu, selbst mehr Positives zu posten.

Auch Kaufentscheidungen könnten bald so beeinflusst werden. Algorithmen messen unsere Stimmungen, analysieren das Angebot und nehmen uns das Nachdenken und Entscheiden ab, indem sie zu persönlichem Geschmack, Stimmung und Vorlieben die passende Musik oder das passende Produkt einblenden. Amazon hat schon ein Patent[28] angemeldet, in dem es darum geht, Schiffe mit Bestellungen zu beladen und loszuschicken, bevor die Ware bestellt wird. Die Ware wird

> Anhand der Daten, die wir im internet hinterlassen, kann man unser Kaufverhalten erkennen, erklärte ich meiner Tochter. Je mehr Daten, desto genauer die Analyse.

quasi angeliefert, bevor wir wissen, dass wir sie kaufen. Eine gigantische Quengelkasse auf Datenbasis.

Ich erklärte meiner Tochter: Je mehr Daten du preisgibst, desto besser wissen die anderen, was sie dir verkaufen können. Und dass es doch schade wäre, wenn man immer nur das vorgesetzt bekommt, was andere für passend halten. Das könnte langweilig werden, ohne Überraschungen, ohne neue Erfahrungen, ohne Abenteuer.

Deshalb sind wir in der digitalen Welt weniger konsequent, was das Taschengeld betrifft. Wenn Maria eine App haben möchte, kaufen wir sie und nehmen nicht die Gratisversion. Nur die Zauberkräfte, Geldscheine oder Diamanten im Spiel muss sie selbst bezahlen.

ANALOG

IMPULSWARE
IN DER GREIFZONE

TRAININGSGELÄNDE

TASCHENGELD

Einkaufen macht
nicht AUTOMATISCH
GLÜCKLICH

KINDERN FEHLT
IN der VIRTUELLEN
WELT DER BEZUG
zum GELD !!

DIGITAL

IN-APP-KÄUFE

DIGITALE
SUPERNANNY?

KINDER-
SPERRE
meist FÜR
KINDER
KEIN PROBLEM !

 GUTHABEN
KARTEN

GRATIS

 WERBUNG
ZEITVERLUST
AUFMERKSAMKEITS-
VERLUST

Ich bekomme
das Spiel, der
Smiley bleibt
ganz!

DAS TASCHEN-
GELD BLEIBT
UNBERÜHRT

BEHAVIORAL
DATA

FACEBOOK
GOOGLE
AMAZON

**GIGANTISCHE QUENGELKASSE
AUF DATENBASIS**

 JE MEHR **DATEN** DU PREISGIBST,
DESTO BESSER WISSEN DIE ANDEREN,
WAS SIE DIR **VERKAUFEN** KÖNNEN!

Klick-Tipps

www.schau-hin.info/extrathemen/datenschutz.html –
Informationen zu Cookies und Datenspuren im
Internet.

www.bfdi.bund.de – Internetseite des Bundesbeauftragten
für Datenschutz.

7 Mit Vertrauen und Vertrag zum eigenen Smartphone

Die Fragen bleiben die gleichen: Wann sollte das Kind den ersten Computer, das erste eigene Smartphone bekommen? Welches Gerät ist der richtige kindgerechte Schlüssel, um die Tür zur digitalen Welt zu öffnen? Welche Regeln sollten Eltern aufstellen? Die Antworten darauf verändern sich. So wie das Internet selbst.

In den 1990er-Jahren war es gefesselt. Es konnte nicht aufstehen, nicht vor die Tür gehen. Es hing an einem Kabel mit dem Modem verbunden im Computer auf dem Schreibtisch fest. Und jeder hörte, wenn es in der Wohnung war. Das Piepsen des Modems oder das Besetztzeichen in der Telefonleitung verrieten es.

Um die Jahrtausendwende lernte das Internet die ersten Schritte. Auf der CeBIT 1999 wurde das erste mobile Internet fürs Handy vorgestellt. Allerdings war es noch langsam, teuer und klein. Die schnellere, preiswertere und opulentere Variante spazierte derweil im leichten Laptop durch die Wohnung. Dort befreite es sich ab 2005 endlich von dem lästigen Modem-Kabel. Dank des Wireless Local Area Network, kurz WLAN, musste es sich nicht mehr physisch mit Servern und Routern verbinden, sondern konnte per Funkwellen seine ganze Palette entfalten.

Beim nächsten Entwicklungsschub hielt es Steve Jobs in der Hand. Am 9. Januar 2007 rief er von der Bühne der Macworld

Conference & Expo in San Francisco: »Heute erfindet Apple das Telefon neu«, und präsentierte das erste iPhone. Auf dessen Multi-Touch-Display ließ es sich kinderleicht durchs World Wide Web wischen und es passte in jede Hosentasche. Jobs sollte recht behalten. Die smarten Wisch-Bildschirme eroberten explosionsartig die Welt, ab 2010 flankiert von Tablet-Computern.

Neue Kommunikationskanäle entstanden: 2009 der Messenger-Dienst WhatsApp, 2010 die Foto-App Instagram, 2011 der Instant-Messaging-Dienst Snapchat, und seit einiger Zeit kann jeder mit Live-Streaming-Diensten wie Periscope oder YouNow Star seiner eigenen Echtzeit-Show werden.

Auch die Grenze zwischen analoger und virtueller Welt hat das Internet inzwischen überwunden. Mit Augmented Reality wird die reale Umgebung zur digitalen Spielewelt, wie bei dem Handy-Spiel »Pokémon Go«, dass 2016 zu einem weltweiten Hit wurde.

Der ständige Wandel ist so atemberaubend, dass sich selbst die sogenannten Digital Natives schnell alt fühlen können. Das wurde mir klar, als ich Laura und Mimi traf, eine 16-Jährige und eine 17-Jährige, die mir ihren digitalen Lebenslauf erzählten. In der dritten Klasse bekamen sie ihr erstes Handy. Für den Schulweg. »So ein ganz altes, nur zum Telefonieren.« Mit zwölf, dreizehn Jahren gab es dann echte Smartphones, mit Internet und allem, was dazugehört. »Facebook haben wir eigentlich nur für Spiele genutzt«, meinte Laura. »Verabredet wurde sich damals über SMS und Messenger«, erzählten sie, als würde es sich um eine Episode aus der Steinzeit handeln. Inzwischen kommunizierten alle über Snapchat, Instagram und WhatsApp.

Diese neuen Möglichkeiten der Interaktion bringen auch neue Verhaltensmuster mit sich. Bei Snapchat werden Fotos verschickt, die sich nach einer bestimmten Zeit selbst zerstören. Anfangs als »Sexting«-App gefürchtet, wuchs sie zur echten Konkurrenz für Facebook. Jugendliche posten Grimassenbilder oder zeigen Freunden, wo sie gerade sind. Eine Art ausgelassene digitale Party, scheinbar privat.

Anders die Fotos und Videos, die bei Instagram gepostet werden und öffentlich sind. Dort geht es viel um Selbstdarstellung, das Buhlen um Anerkennung in Form von Herzen und Followern.

Verabredungen, Tratsch und Knatsch werden beim Kurznachrichtendienst WhatsApp ausgetauscht. In Gruppenchats fernab der Erwachsenen, die inzwischen den Weg zu Facebook gefunden haben.

»Es gibt viele Leute, die kenne ich nicht in echt, nur bei Instagram«, erklärte mir Laura. So wird die Großstadt zum digitalen Dorf. Und wie in jeder kleinen Gemeinde kann man schnell zum Außenseiter werden. Deshalb sorgten sich die Teenager um die »nächste Generation« und meinten damit Mimis zwölfjährige Schwester. Deren Daumen könnten zwar genauso flink tippen, aber es fehle ihnen doch ein Stück digitale Lebenserfahrung. Zum Abschied sagten sie mir: »Ihre Tochter wird wieder eine andere Generation sein.« Vielleicht wird die in ein paar Jahren das Internet mit einer Brille auf der Nase tragen und Smartphones so antik finden, wie Mimi und Laura Tastenhandys. Möglich wäre es.

Dabei erlebte Maria ihre ersten Kindheitsjahre weitestgehend digitalfrei. Zwar skypten wir per Laptop mit der Oma in Mexiko, und ich suchte online manchmal nach Antworten auf ihre Fragen. Aber wir hatten damals weder Smartphones noch Tablets. Maria wurde 2007 geboren, als der Siegeszug der Wischhandys gerade erst begann, und mir fehlte bis 2012 noch nichts, wenn ich die Zeit zwischen Büro-Computer und heimischem Laptop offline verbrachte. Wenn Maria als Kleinkind Telefonieren nachahmte, sprach sie in ihr Spielzeughandy.

Inzwischen haben wir neben dem Laptop noch zwei Smartphones und zwei Tablet-Computer im Haus. Eine kleine Schwester von Maria würde heute beim Telefonspiel sicher wischen und auf einen imaginären Bildschirm starren. Und sie würde einen Wisch-Computer haben wollen, wie die große Schwester. Die Frage nach dem Wann müsste neu justiert werden!

Bei Maria entschieden wir, dass ihre Schuleinführung der ideale Moment fürs eigene Tablet sei. Das war 2013. Das Angebot an Tablet-Computern war schon recht ordentlich. Zwei geschlagene Nächte verbrachte ich damit, mich im Internet über Pads speziell für Kinder zu informieren. Am Ende hatte ich die Namen Arnova, Easypix, Meep, Odys Pedi und Kurio auf meiner Liste stehen und immer noch kein Gefühl dafür, welcher davon in der Schultüte landen sollte.

Schließlich kauften wir ein Kinder-Tablet, welches eine Gummischutzhülle, Vorder- und Rückkamera, WLAN, USB-Eingang, vorinstallierte Spiele und einen Elternbereich hatte. Dort konnten sich die Erwachsenen per Passwort einloggen und mit einer Art Zeitschaltuhr festlegen, wann und wie lange das Kind das Tablet nutzen darf, auf welche der vorinstallierten Spiele es zugreifen kann und ob es Zugang zum Internet bekommt. Damals gaben wir dafür knapp 150 Euro aus. Inzwischen sind die Geräte wesentlich preiswerter. Ich bin mir aber fast sicher, dass ich heute anders entscheiden würde. Statt ein Kinder-Tablet zu kaufen, würde wir ihr einfach das eigene gebrauchte Pad überlassen und uns selbst ein neues Gerät kaufen. 2013 stellte sich diese Alternative für uns noch nicht.

Als wir Maria damals ihr Tablet in die Schultüte legten, war die Reaktion anderer Eltern selten Zuspruch, kaum Verständnis und viel Ablehnung. »Dafür ist sie doch viel zu jung«, war eines der Hauptargumente, gefolgt von »Dann hat sie ja gar keine Kindheit mehr« und »Computer gehören nicht in Kinderhände«. Einige taten so, als würden wir mit dem PC in der Zuckertüte den Grundstein dafür legen, aus unserer aufgeweckten, kontaktfreudigen und kommunikativen Tochter einen vereinsamten Nerd ohne Kindheit zu machen. Heute wären die Reaktionen aus der Umgebung wohl weniger heftig.

> Wenn Teenager die virtuelle Welt ständig bei sich haben, wird Selbstkontrolle immer wichtiger. Dabei kann der Umgang mit einem eigenen Gerät helfen.

Laut der Studie *Kinder in der digitalen Welt* des Deutschen Instituts für Vertrauen und Sicherheit im Netz[29] war 2015 bereits jeder zehnte Dreijährige im Internet aktiv. Dank der immer verbreiteteren Apps rufen sie Internetseiten auf, noch bevor

sie lesen und schreiben können, nur über das Erkennen von
Symbolen. Die Fragen nach dem Wann und Was – beziehungs-
weise die Antworten darauf – werden sich mit fortschreitender
Technik weiterentwickeln.

Auch die Frage nach dem Wie stellt sich mit der Entfesse-
lung des Internets neu. In der Modem-Ära waren klare Zeitregelungen noch möglich und relativ einfach zu kontrollieren. Mit dem WLAN wurde das Ganze schon schwieriger.
Clevere Kinder legten sich vom Taschengeld einen UMTS-
Stick zu und konnten so auch ins Netz, wenn Mama und Papa
den Router abgeschaltet hatten. Mit dem Smartphone in der
Tasche haben Teenager die virtuelle Welt inzwischen ständig bei sich. Deshalb wird die Fähigkeit zur Selbstkontrolle
immer wichtiger. Und dabei kann ihnen der Umgang mit
einem eigenen Gerät helfen. So war es zumindest bei unserer Tochter.

Als wir 2012 die Smartphones in unseren Familienalltag ließen, dauerte es nicht lange und sie wurden auch Orte, an denen man gegen den Sandmann kicken, mit Bibi Blocksberg
Drachen aufziehen, mit den Fingern malen, mit den »Ampe-
linis« Verkehrsregeln oder mit Janoschs kleinem Bären auf
dem Weg nach Panama Buchstaben suchen konnte. Fasziniert
beobachtete ich, wie selbstverständlich sich Maria durch das
virtuelle Kinderzimmer wischte.

Natürlich hatte ich alle Spiele zuvor allein selbst gespielt.
Einige, die mir zu vollgepfropft mit Werbung waren oder bei
denen ständig dazu aufgerufen wurde, »sich mit seinen Freunden zu verbinden«, löschte ich, noch bevor Maria sie sah. Bei
anderen wie »Hello Kittys Beauty Salon« hatte ich mit Maria
zusammen bis zu dem Punkt gespielt, an dem »Kitty Points«

gekauft werden sollten. Dann erklärte ich ihr, dass wir echtes
Geld ausgeben würden, welches wir sparen müssten. Das Eis
am nächsten Tag wäre damit futsch. So viel war ihr das Haare
waschen mit Kitty dann nicht wert und wir löschten das Spiel
gemeinsam.

Damit sie sich auf dem digitalen Spielplatz nicht zu lange
herumtrieb, vereinbarten wir ein Zeitlimit: Jeden Abend, wenn
ich von der Arbeit kam, sollte Maria für 15 Minuten mein
Handy benutzen können – zum Drachenpflegen oder wonach
ihr sonst der Sinn stand. Sie hätte Spaß und ich einen Moment,
um kurz durchzuatmen, bevor es an die Ins-Bett-bringen-
Runde ging. Nach 15 Minuten würde ich ihr das Handy wieder
abnehmen und wir beide zufrieden die letzte Etappe des Tages
beginnen. So der Plan. Die Realität sah mal wieder etwas anders aus. Da die vereinbarte Zeit für Maria wie im Fluge verging und selten zeitgleich mit einem Spiellevel endete, kam es
zu »Noch ein Spiel«-Betteleien und »Jetzt komm endlich«-Reibe-
reien. Und manchmal auch zu Schreierei.

Ich versuchte, die Situation zu entschärfen, indem ich Maria
scheinbar die Kontrolle über die Zeit gab. Gemeinsam stellten
wir den integrierten Wecker im Smartphone, und nach dem
Klingeln durfte sie die Spielrunde noch zu Ende bringen. Danach musste sie das Handy wieder abgeben. Diese Regelung
funktionierte wesentlich besser und die Abende wurden entspannter. Allerdings forderte Maria auch jeden Tag ihre 15 Minuten Handyzeit ein. Das änderte sich überraschend einige
Wochen nach dem Einzug des Kinder-Tablets.

Als Maria ihr Tablet bekam, legten wir klare Regeln fest:
Sie musste Bescheid sagen, wenn's auf den digitalen Spielplatz
ging. Und sie durfte nur eine begrenzte Zeit virtuell toben. Die

Zeitschaltuhr im Tablet wurde auf eine halbe Stunde gestellt. Danach schaltete es sich von selbst aus. Sie durfte den Computer nicht mit in die Schule nehmen und nur im Beisein eines Erwachsenen zum Strom-»Tanken« an die Steckdose gehen. Sie durfte allein im Offline-Modus spielen. Wenn sie das internetfähige Profil nutzen wollte, musste ein Erwachsener dabei sein.

Wir erklärten ihr, warum wir diese Regeln aufstellten. Dass die Puppen sonst traurig würden, wenn sie nicht mehr mit ihnen spielt. Dass ihre Freunde sauer würden, wenn sie keine Zeit mehr für sie hätte. Dass es im Internet auch Dinge gibt, die nicht schön sind und Albträume machen können.

Danach erklärten wir – Erpressung ist die halbe Kindererziehung – was die Folgen wären, wenn sie die Regeln brechen würde: Der Computer würde eine Zeit lang verschwinden.

Als wir sicher waren, dass sie alles verstanden hatte, gab es die für sie magischen Worte: Wir vertrauen dir! Du darfst bestimmen! Natürlich nur wann. Aber immerhin. In den Ohren einer Sechsjährigen ist »Bestimmen« etwas ganz Besonderes.

In den ersten zwei Wochen reizte Maria ihre neue Macht fast täglich aus. Sie zeigte uns stolz, was sie Tolles entdeckte und spielte. Ich setzte mich zu ihr, warf ebenfalls ein paar »Angry Birds« durch die Gegend und versuchte, Auswege aus Labyrinthen zu finden. Dann aber ließ mein Interesse plakativ nach. »Kenn ich schon.« »Wollen wir nicht lieber was basteln?« Bei der Frage »Wollen wir zusammen Memory spielen oder willst du lieber allein computern?« entschied sie sich fast immer für Ersteres.

Bald empfand unsere Erstklässlerin die digitale Spielewelt

als nicht mehr so interessant, war das Kinder-Tablet ein Spielzeug wie die anderen und lag oft tagelang unangetastet in der Ecke. Als wir in den Sommerferien die Koffer packten und sie fragten, ob sie ihren Computer mitnehmen wollte, meinte Maria: »Aber Mama, dann hab' ich ja nicht so viel Zeit für meine Freunde. Und wenn mir langweilig ist, kann ich ja auf Papas Telefon spielen.«

Als ihr Tablet nach ungefähr anderthalb Jahren den Geist aufgab, bestand sie nicht auf einem Neuen. Sie meinte, es würde reichen, wenn sie unsere mitbenutzen kann. So teilten wir die Spiele zwischen unseren beiden »Erwachsenen«-Tablets auf. Am Anfang hatte ich auch überlegt, darauf eine Kinderschutzsoftware zu installieren.

Nachdem ich mich durch Tests und Empfehlungen gelesen hatte,[30] legte ich diesen Plan auf Eis. Zum einen aus Bequemlichkeit, weil ich mich nicht entscheiden konnte, welche Software mit welchen Möglichkeiten die sinnvollste wäre. Zum anderen, weil ich mich nicht auf einen virtuellen Aufpasser verlassen wollte, den Maria wahrscheinlich ziemlich schnell austricksen könnte.

> Reden und Zuhören sind vielleicht der wichtigste Schutz, wenn Kinder das World Wide Web im Smartphone überall dabeihaben.

Stattdessen legten wir auf den Tablets Maria-Kacheln an. Eine mit ihren Spielen und eine mit ihren Internetseiten wie *fragfinn.de*, *logo.de*, *kika.de* und *blindekuh.de*. Die darf sie auch ohne Erwachsenenbegleitung besuchen. Wir vertrauen ihr, dass sie noch Bescheid gibt, wenn sie ins große Internet will. Und dass sie mit uns redet, wenn ihr etwas komisch oder verstörend vorkommt.

Vielleicht sind Reden und Zuhören der wichtigste Schutz. Denn schon bald wird sie das World Wide Web überall dabeihaben. Im Smartphone. Das wünscht sich Maria nämlich inzwischen. Wir haben vereinbart, dass sie am Anfang ein altes Handy nur zum Telefonieren bekommt. Und erst danach ein eigenes Wisch-Telefon. Über das »Wann« sind wir uns noch nicht hundertprozentig im Klaren. Dafür aber über das »Wie«. Mit einem echten Vertrag. Zwischen ihr und uns.

Die Vorlage dafür habe ich unter *mediennutzungsvertrag.de* gefunden. Dieses Tool wurde von den Initiativen *klicksafe.de* und *internet-abc.de* entwickelt und bietet Möglichkeiten, über die Nutzung von Fernsehen, Internet, Spielekonsolen oder Smartphones zwischen Kind und Eltern Abkommen zu schließen. Darin können fertige Regeln übernommen oder eigene Abmachungen festgeschrieben werden. Auch die Konsequenzen für den Fall eines Regelbruchs können ausgehandelt und fixiert werden. Am Ende wird der Vertrag ausgedruckt und von beiden Parteien unterschrieben.

»Es geht darum, einen kritischen und selbstbestimmten Umgang mit neuen Medien zu lernen. Mit dem Vertrag können gemeinsam Regeln festgelegt werden, an die sich beide Parteien auch halten müssen. Das Feedback auf unseren Vertrag ist durchweg positiv«, sagt Gabriele Becker vom Verein

Internet-ABC e. V. Das Online-Tool wurde 2015 in der Kategorie »Sonderpreis für Familienangebote« mit dem *pädagogischen Interaktiv-Preis »Pädi 2015«* ausgezeichnet.

Was mir daran am besten gefällt ist, dass gemeinsame Normen vereinbart werden können, an die sich beide Parteien halten sollen. So können auch Kinder ihre Bedürfnisse formulieren und Regeln für die Eltern aufstellen. Das wird für manche im ersten Moment sicher etwas befremdlich sein.

Schließlich waren es doch jahrhundertelang die Eltern, die die Hausordnung bestimmten, die definierten, was richtig und was falsch ist. Und die sogar das Recht hatten, die Hand zu erheben, wenn das Kind dagegen rebellierte. Bis 1957 hieß es im Bürgerlichen Gesetzbuch (BGB) im Paragraf 1631, Absatz 2: »Der Vater kann kraft des Erziehungsrechts angemessene Zuchtmittel gegen das Kind anwenden.« Gut zehn Jahre später, am 29. Juli 1968, verkündete das Bundesverfassungsgericht in einem Beschluss zur Adoption vernachlässigter und misshandelter Kinder, dass »Elternrecht« viel eher als »Elternverantwortung« bezeichnet werden müsste. »Eine Verfassung, welche die Würde des Menschen in den Mittelpunkt ihres Wertesystems stellt, kann bei der Ordnung zwischenmenschlicher Beziehungen grundsätzlich niemandem Rechte an der Person eines anderen einräumen, die nicht zugleich pflichtgebunden sind und die Menschenwürde des anderen respektieren.«[31] Doch erst im Jahr 2000 wurde im BGB, Paragraf 1631, Absatz 2, festgeschrieben: »Kinder haben ein Recht auf gewaltfreie Erziehung.«

Und jetzt sollen sie ihre Eltern erziehen und für sie Regeln aufstellen dürfen? »Kinder wollen ernst genommen werden. Ein Vertrag bedeutet Vertrauen und Verantwortung«, meint Gabriele Becker.

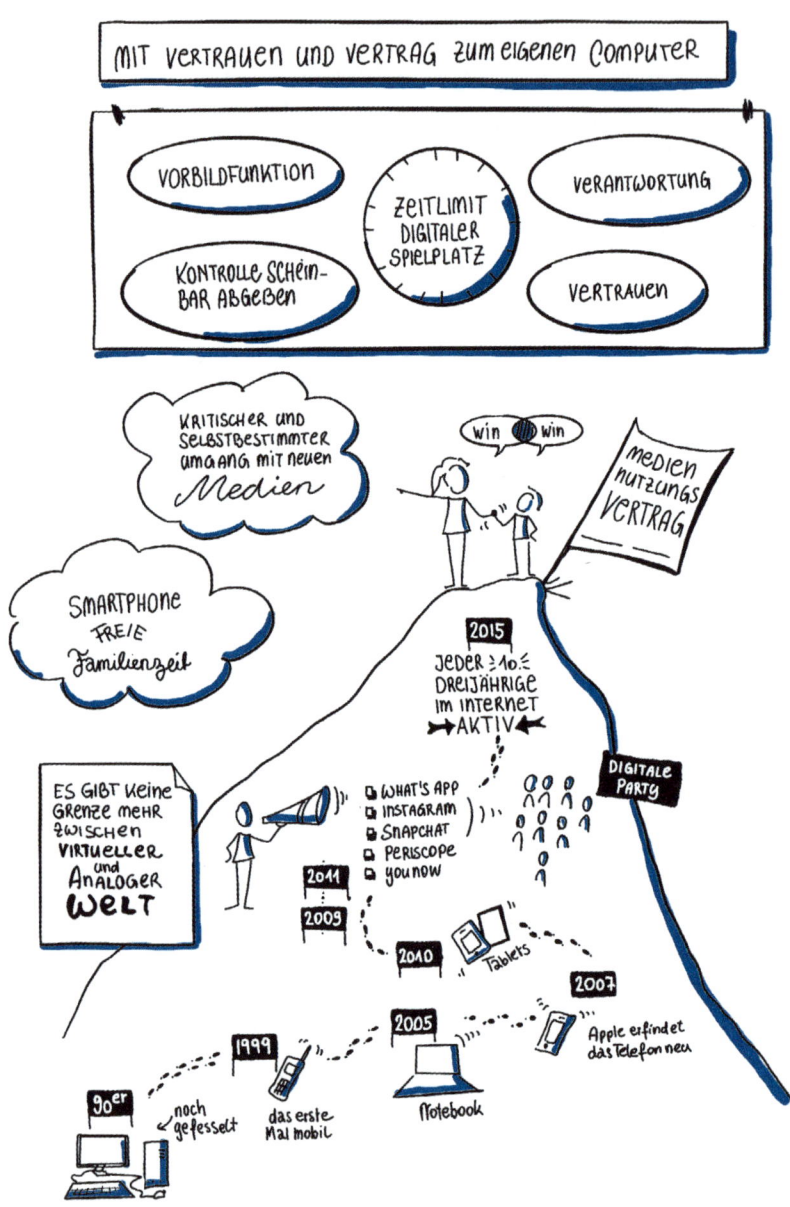

Im Bundesverfassungsgerichts-Beschluss von 1968 hieß es auch: »Die Anerkennung der Elternverantwortung und der damit verbundenen Rechte findet daher ihre Rechtfertigung darin, dass das Kind des Schutzes und der Hilfe bedarf, um sich zu einer eigenverantwortlichen Persönlichkeit innerhalb der sozialen Gemeinschaft zu entwickeln.« Dazu gehört heute auch die digitale Welt. Um sich dort zu eigenverantwortlichen Persönlichkeiten entwickeln zu können, ist es zwingend erforderlich, dass Kinder ihre Bedürfnisse artikulieren dürfen.

2013 beschwerte sich jedes dritte Kind in Schweden darüber, dass seine Eltern zu viel Zeit mit ihrem Smartphone verbrachten, so das Ergebnis einer YouGov-Umfrage im digitalen Vorreiterland.[32] Inzwischen würden in Deutschland sicherlich ähnliche Werte erreicht werden. Und wie soll ein Kind lernen, achtsam mit seiner Internetzeit umzugehen, wenn die Eltern es nicht vorleben?

Selbst meine Tochter ist manchmal eifersüchtig auf mein Smartphone, obwohl ich mich für ein gutes Vorbild halte. Ich

> Wenn die Eltern ein schlechtes Vorbild sind, wie soll ein Kind dann lernen, achtsam mit seiner Internetzeit umzugehen?

entschuldige mich bei Maria, wenn ich mal eben noch telefonieren muss. Ich checke meine Mails und Timelines nur, wenn dafür Zeit ist. Soweit meine Wahrnehmung. Doch der Blick, den man selbst auf sich hat, ist der eine – der des Beobachters ein anderer.

Meine Tochter nimmt etwas anderes als ich wahr: Bei Filmen guckt Mutti ins Smartphone statt in den Fernseher. Das Ding liegt meist irgendwie in der Nähe, und wenn es zuckt, wird Mutti unruhig und muss mal eben ganz kurz kontrollieren, ob es was Wichtiges ist. Irgendwann riss ihr der Geduldsfaden und sie las mir die Leviten. Es war abends beim Waschen. Ich lag schon in Vorleseposition im Bett, das Buch in der einen, das Smartphone in der anderen Hand. Maria kam mit der Zahnbürste im Mund ins Zimmer und stellte eine dieser rituellen Abendfragen, auf die man mit »Ja, Schatz« oder »Nein, Schatz« antworten kann. Ich entschied mich für »Ja, Schatz«, während ich noch schnell meinen Facebook-Account durchscrollte. »Mama, was hab' ich gerade gesagt?«, fragte mein Kind vorwurfsvoll. Es hatte mich ertappt. Ich hatte nicht zugehört. Maria erklärte mir deshalb: »Wenn man mit seiner Tochter redet, sollte man sie angucken und ihr auch zuhören!« Ich gab ihr Recht und entschuldigte mich. Seitdem habe ich ihre Ermahnung als Sprachmemo in der Tasche. Und ich versuche, mich daran zu halten. Aber ich ertappe mich auch immer mal wieder dabei, wie ich das Smartphone doch nicht ganz aus der Hand legen kann, wenn ich eigentlich Zeit mit ihr verbringe. Ich nehme an, Maria wird mich später daran erinnern.

Vielleicht sogar dann, wenn wir ihren Handy-Vertrag aufsetzen werden. Wenn sie dann smartphonefreie Familienzeit fordert, weiß ich, wir sind auf dem richtigen Weg. Auch wenn der für beide Seiten nicht ganz einfach wird. Ich hoffe, dass ich dann nicht mein Gerät abgeben muss, weil ich gegen die »Frei-Zeit« verstoße. Vielleicht sollten wir einfach vereinbaren, die Smartphones für diese Zeiträume tonlos zu stellen und in eine Schublade zu stecken. Und so das Internet wieder vorübergehend zu fesseln.

 **Klick-Tipps**

www.mediennutzungsvertrag.de – Vorlage für Vertrag zwischen Eltern und Kindern über Nutzung von Smartphone & Co.

www.klicksafe.de – Informationen zu Schutzsoftware gibt es unter dem Suchbegriff »Jugendschutzfilter«.

www.internet-abc.de/eltern/internet-abc-fuer-eltern – Tipps und Basiswissen für Eltern rund ums Thema Internet.

Internetseiten, auf denen Kinder gefahrlos allein surfen können:

www.fragfinn.de

www.logo.de

www.kika.de

www.blindekuh.de

http://seitenstark.de/

8 Schick deinem Kind eine Spam

Maria sah mich häufig Mails, SMS oder WhatsApp-Nachrichten in die Welt tippen. Manchmal durfte sie hinter meine Zeilen ein paar Smileys setzen. Doch als sich meiner Erstklässlerin die Welt der Buchstaben erschloss und sie anfing, selbst Wörter zu formen, wollte sie auch Nachrichten schreiben. Nicht nur auf dem Spielzeughandy. In echt! Anfangs durfte sie auf unseren Smartphones Grüße an die Oma tippen. Aber das Handy-Display ist selbst für die kleinen Hände einer Sechsjährigen nicht einfach zu bedienen. Außerdem standen die neu gewonnenen Freunde nicht wie im ABC ordentlich in Reih und Glied, sondern wirbelten scheinbar wahllos durcheinander. Auf nur 5 mal 3,5 Zentimetern kein leichtes Unterfangen, den Richtigen zu treffen. Deshalb beschlossen wir, ihr ein Mailkonto einzurichten, damit Maria auf ihrem Kinder-Tablet digitale Briefe an die Familie schreiben konnte.

Laut den Allgemeinen Geschäftsbedingungen (AGB) unseres Providers muss man für einen virtuellen Briefkasten mindestens 13 Jahre alt sein. Sollten wir so lange warten? Oder nicht? Ich dachte darüber eine Weile nach. Ich wollte Maria begleitend zur Seite stehen, sie ohne Hast mit den Feinheiten und Tücken der elektronischen Post vertraut machen. So, wie sie sich und uns Postkarten aus dem Urlaub schickte, sollte sie auch in der digitalen Welt grüßen dürfen. Ich entschied mich, beim Geburtsdatum etwas großzügiger zu sein.

> Ich wollte Maria mit den Feinheiten der elektronischen Post vertraut machen. Wie sie uns Urlaubspostkarten schickte, sollte sie auch in der digitalen Welt grüßen dürfen.

Dann richtete ich gemeinsam mit Maria ihr Postfach ein. Ich erklärte ihr, dass wir für die Adresse nicht ihren eigenen, sondern einen Dingwort-Namen wählen würden. Und dass wir in die Anredefelder im Anmeldeformular Fantasiebegriffe schreiben sollten. »Warum?«, wollte mein Kind wissen. Ich verkniff mir ein »Weil ich Angst um dich habe« und entgegnete: »Damit du sehen kannst, ob dir ein Fremder schreibt. Wenn die Mail mit deinem richtigen Namen anfängt, ist sie wahrscheinlich von jemandem, der dich kennt. Fängt sie mit ›Hallo lieber Fantasiename‹ an, weißt du gleich, dass sie von einem Unbekannten ist und sagst Bescheid.«

Meine Tochter war mit dieser Erklärung vorerst zufrieden und wollte nun endlich ihre Post ausprobieren. Ich schrieb ihr eine Mail und sie tippte – ohne, dass ich gucken durfte – eine Antwort: »Ich hab dich auch lib deine maria«. Auch mein Mann bekam Post: »Mein gelipter papa ich. Weis zwa nich was wir heute machen aba ich weis das wir ein tolen tag haben werden deine maria :-) :-) :-):-) :-) :-) :-) :-) :-) :-) :-) :-) :-) :-) :-) :-) :-)«

Als sich meine Rührung über die ersten Mails von unserem Kind gelegt hatte, setzte wieder eine gewisse Unsicherheit ein. War es nicht doch zu viel von einer Sechsjährigen verlangt, Konzepte wie »Spam-Mail« zu verstehen? Gab ich ihr Flügel, bevor sie verwurzelt in der virtuellen Welt stand?

Maria ihr neu gewonnenes Schreibwerkzeug wieder wegzunehmen, schien mir keine gute Idee. Sollte ich einfach abwarten, bis sie ihr neues Postfach vergessen würde? Oder es löschen und sagen, das hätten die Internetwächter gemacht, weil sie zu jung ist? Oder auf ihr Verständnis vertrauen?

Ich kam bei diesen Fragen einfach nicht weiter, bis mich ein Bekannter auf eine ebenso geniale wie naheliegende Idee brachte: Schreib ihr doch selbst eine Spam-Mail. So könnte ich sehen, ob bei ihr die Alarmglocken schrillen würden, wenn ein virtueller Brief an »Fantasiename« adressiert war. Und falls nicht, hätte ich die Möglichkeit, ihr ein paar Wurzel-Informationen nachzureichen.

Spam-Mails zielen auf Emotionen – Schreck über eine unerwartete Rechnung, Angst vor Kontosperrung, Freude über einen Gewinn oder Neugierde auf eine Geschichte.

Der Begriff »SPAM« kommt aus der analogen Welt und war ursprünglich die Bezeichnung für das Dosenfleisch SPiced hAM, das von der amerikanischen Firma Hormel Foods Corporation hergestellt wurde. Der gepökelte und gepresste Schweinefleisch-Brocken, stoßfest verpackt und auch kalt zu genießen, eroberte im Zweiten Weltkrieg Europa: Im Proviant-Gepäck der US-Soldaten und als Hilfsration für die Verbündeten. Das Konservenfleisch war bis in die Nachkriegszeit in fast »aller Munde«. Die Komiker von Monty Python thematisierten die Omnipräsenz der Konserve 1970 in einem Sketch: Die Speisekarte eines Restaurants enthält ausschließlich Gerichte mit Spam. Als Mrs. Bun (Graham Chapman) ein spamfreies Essen verlangt, singt eine Horde Wikinger grölend immer wieder: »Spam, Spam, Spam …« Obwohl außer Mrs. Bun alle im Sketch Spam mögen, bleibt beim Zuschauer hängen: Spam nervt.

> Spam frisst Zeit, Kraft und Bandbreite – Spam nervt.

1993 wurde der Name zum ersten Mal für unerwünschte Mail-Botschaften in der digitalen Welt verwendet. Die Bezeichnung setzte sich durch, obwohl der Konservenhersteller Hormel jahrelang gegen den Ausdruck Spam-Mail klagte, weil er die »gute Reputation des Namens« in Gefahr sah.[33] Inzwischen hat sich das Unternehmen mit dem ungeliebten Namensvetter arrangiert.

Welche Spam wollte ich meiner Tochter servieren? Angst, Schreck oder Freude? Ich entschied mich für eine angebliche Gewinn-Mail, denn ich hatte eh schon ein schlechtes Gewissen und fand es gemein, meiner Tochter Angst einzujagen. Nach kurzem Überlegen tippte ich: »Hallo Egal Egaler. Glückwunsch, du hast beim Gewinnspiel einen Riesen-Teddy gewonnen. Du musst uns nur eine Mail mit deiner Adresse schicken und dann bekommst du ihn. Oder du schickst uns fünf Euro auf das Konto Sparkasse 1 234 567. Viel Glück.«

Diese Nachricht schickte ich von einem eingestaubten Uralt-Konto, an dem meine Tochter nicht erkennen würde, dass ich dahintersteckte. Das dachte ich zumindest. Doch ich hatte mir beim Einrichten des Postfachs offensichtlich nicht ausreichend Gedanken über den Umgang mit meinen Daten gemacht. Obwohl mein Name nicht in der Mailadresse auftauchte, stand er wenig später als Absender in Marias Computer.

»Hast du mir eine Mail geschickt?«, fragte Maria vom Sofa aus zu mir herüber. »Nein Schatz.« Kurze Stille. »Mama, komm mal her. Hier ist was komisch. Da steht ›Hallo Egal Egaler‹.« Sie zeigte mir ihr Postfach, bei dem jeweils die erste Zeile jeder Nachricht zu lesen ist. »Macht die jetzt meinen Computer krank?«, wollte Maria wissen. Ich sagte ihr, dass wir diese Mail zusammen öffnen könnten, ohne dass ihr Tablet davon kaputtgehen würde.

Maria las die Mail laut vor. Erst war ihre Stimme verwundert, dann erfreut, dann skeptisch. Am Ende fragte sie: »Mama, ist die wirklich nicht von dir?« Ich wollte sie nicht weiter anlügen und gab alles zu. »Das ist gemein«, fand Maria. Ich entschuldigte mich bei ihr und erklärte, dass die Mail ein Test war. Dass sie auch vorsichtig sein müsse, wenn sie den Absender kennt.

Ich erzählte ihr, wie mich einmal die Mail einer mexikanischen Freundin erreichte, in der sie um Hilfe bat. Angeblich war sie, die wirklich sehr viel reiste, in Nairobi beklaut worden und brauchte dringend Geld. Da sie weder auf Anrufe über das Festnetz reagierte noch ans Handy ging, war ich damals kurz davor, die Geschichte zu glauben. Stutzig machte mich allerdings der Schlusssatz: »Möge Gott dich beschützen«. Ihr Konto war geentert worden wie von einem Piratenschiff. »Das ist aber wirklich gemein«, urteilte Maria. Sie hatte mir inzwischen meine

Test-Mail offensichtlich verzogen, denn kurz darauf erreichte mich eine Spam von Egal Egaler: »Hallo Katja, du krixt ein app.«

Um zu verhindern, dass Maria eines Tages auf eine Viren-Mail hereinfällt, zeige ich ihr seitdem auch solche, die bei mir im Postfach landen. Erbschaftsansprüche, Gewinne oder angebliche Kontoangleichungen.

Weil die Test-Mail so gut funktioniert hat, möchte ich sie später in ähnlicher Form wieder ausprobieren. Wenn Maria anfangen will, im Internet Freunde zu suchen und in Kinderchats bei *blindekuh.de* oder *fragfinn.de* nach Gleichgesinnten Ausschau zu halten, will ich mich auch dort einschalten. Als Mädchen, dass mit ihr über Pferde redet. Dann will ich sie fragen, wo sie zur Schule geht, in welcher Straße sie wohnt, ob sie Haustiere hat und wie die heißen. Um ihr danach zu zeigen, dass hinter der »Freundin« oder dem »Freund« auch jemand ganz anderes stecken kann.

Klick-Tipps

www.saferinternet.at/viren-spam-co – Antworten rund um Fragen zur Computersicherheit.

www.bsi-fuer-buerger.de – Internetseite des Bundesamts für Sicherheit in der Informationstechnik mit aktuellen Spam-Warnungen und vielen Informationen zum Thema Cyber-Gefahren.

9 Bild dir (k)eine Meinung

Apps und Spiele betteln um Bewertung. Jeder Online-Einkauf will in einer Punkte- oder Sternenkette auf einer Skala von »schlecht« bis »sehr gut« eingeordnet werden. Bei Facebook, Instagram & Co. wartet jeder Post, jedes Foto auf einen Kommentar. Und bei WhatsApp wollen die Klassenkameraden wissen, wie man Mathe fand. Meinung ist gefragt. Im Sekundentakt müssen Entscheidungen getroffen werden.

> Immer wieder und immer schneller müssen im Netz Meinungen geäußert, Entscheidungen getroffen werden.

Da bleibt wenig Zeit zum Nachdenken. Wenig Zeit für Grautöne. Schwarz, Weiß, Weiß, Schwarz. Mit wenigen Zeichen werden Meinungen hinausgepostet, die nicht genug reifen konnten, um zur Überzeugung zu werden. Trotzdem sind sie in die digitale Ewigkeit zementiert, können noch Jahre später plötzlich vor einem stehen und den Weg versperren.

Deshalb haben wir von klein an versucht, Maria auf dieses Paradoxon vorzubereiten. Ihr komplexere Ideen als Richtig-oder-falsch-Modelle mit auf den Weg zu geben. Auch in der Hoffnung, dass sie ihre Meinung später von verschiedenen Seiten betrachtet, bevor sie sie in die digitale Welt entlässt.

Seitdem Maria die Vokabeln »Warum« und »Was« zu ihren Wortschätzen zählte, stellte sie viele Fragen. Gerne nach dem Vorlesen. So brachten mich der Drache Tabaluga und die Eisfee Lilli mit »sie hat ein Herz und eine Seele« in die Bredouille, einer Vierjährigen aus dem Stehgreif erklären zu wollen, was eine Seele ist. Mehr als »Der Teil von dir, der später ein Engel wird« war nach dem langen Bürotag nicht drin.

Die Frage »Was ist Wahrheit?« hingegen tauchte an einem Sonntagmorgen auf. Welches Buch wir vorgelesen hatten, weiß ich nicht mehr. Nur, dass wir im Bett lagen und Zeit hatten.

Die Wahrheit – Generationen von Philosophen haben sich darüber den Kopf zerbrochen. Aristoteles beschrieb sie sinngemäß als Aussage darüber, was ist und was nicht ist. Je mehr Menschen der gleichen Annahme sind, desto näher ist man der Wahrheit. In Zeiten des Internets würde er diese Theorie vielleicht überdenken. Thomas von Aquin sah sie als »Übereinstimmung von Verstand und Sache«, Immanuel Kant erklärte sie zur »Übereinstimmung der Erkenntnis mit ihrem Gegenstand«, Karl Marx definierte sie als Frage der Praxis.

Und ich versuchte, sie mit einer Flasche anschaulich zu erklären!

Ich holte aus der Küche eine Saftflasche und stellte sie so zwischen uns, dass Maria das fruchtgeschmückte Etikett auf

der Vorderseite sah und ich das Kleingedruckte auf der Rück-
seite. »Was siehst du?«, fragte ich, und Maria beschrieb die Flasche, die Äpfel und das Glas auf dem Etikett. »Das ist deine
Wahrheit«, meinte ich und sagte, meine sei eine Flasche mit
kleinen Buchstaben. Ich erklärte ihr, dass wir nun endlos darüber diskutieren könnten, wer die Wahrheit sagt: Äpfel oder
Buchstaben? Zum Spaß taten wir eine Weile so, als würden wir
uns streiten.

»Aber wir haben doch beide recht«, meinte Maria, als ihr das
Spiel langweilig wurde. Darauf erwiderte ich, dass genau das
manchmal das Problem sein kann. Dass es nicht eine einzige
Perspektive gibt. Statt zu streiten, könnten wir nach einer gemeinsamen Wahrheit suchen. Wir einigten uns auf die Wahrheit, dass in der Flasche Saft war – und wir Durst hatten.

> Manchmal ist das
> Problem, dass beide recht haben,
> dass es nicht nur eine Perspektive
> gibt. Statt zu streiten, könnten
> wir nach einer gemeinsamen
> Wahrheit suchen.

Damit Maria unser Flaschen-Spiel verinnerlichen würde, las
ich ihr abends vor dem Schlafengehen oft Ziege-Gans-Ge-
schichten vor. In den Kinderbüchern von Isabel Abedi[34] wird
die gleiche Begebenheit jeweils zweimal erzählt: Einmal aus

der Perspektive der kleinen Gans und einmal aus der ihrer Freundin, der kleinen Ziege. Mal verliert die eine und die andere gewinnt. Mal streiten sie sich. In der Mitte des Buchs treffen die beiden »Wahrheiten« aufeinander und versöhnen sich.

Ein anderes Buch, dass ich gerne vorlas, war *Die kleine Spinne Widerlich* von Diana Amft.[35] Statt eine fertige Antwort zu geben, schickt die Spinnenmutter ihr Kind los, um die Frage »Warum finden uns die Menschen widerlich?« so vielen Verwandten wie möglich zu stellen und sich selbst eine Meinung zu bilden. Am Ende kommt die kleine Spinne zurück und hat keine endgültige Antwort gefunden, aber viele Anregungen zum Nachdenken.

Ich wollte, dass auch unsere Tochter hinterfragt, statt fertige Meinungen zu übernehmen. Wenn sie am Abend von ihrem Tag erzählte, hielt ich mich deshalb mit Urteilen zurück. Ich fragte stattdessen, wie sie sich erklärte, dass ihre Freundin beim Spiel nicht mehr mitmachen wollte. Oder warum die Erzieherin im Kindergarten geschimpft hatte. Manchmal schlüpfte ich dabei in die Rolle des Gegenübers und versuchte, ihr die gleiche Situation aus dem anderen Blickwinkel zu zeigen. Gemeinsam versuchten wir, die Zwischentöne zu ergründen.

Damit machte ich Maria das Leben vielleicht ein bisschen schwerer. Aber ich gab ihr auch ein Werkzeug in die Hand. Und das nutzte sie ziemlich clever. Als ich abends mit ihr schimpfte, weil sie ewig beim Ins-Bett-Gehen trödelte, meinte sie: »Mama, stell dir doch mal vor, du bist ein Kind. Willst du da schon um sieben Uhr ins Bett?« »Nein!« »Siehste«, triumphierte Maria. Ich musste ihr erklären, warum Schlafen trotzdem wichtig ist und mich für meine schroffen Worte entschuldigen. Mit den Jahren wurde daraus eine Art Versöhnungs-Ritual.

Wenn wir uns beruhigt haben, setzen wir uns nach jedem Streit zusammen und reden darüber. Dabei geht es nicht darum, einen Schuldigen zu finden. Sondern um die Frage, warum es zum Streit kam. Wir erzählen ihr unsere Erwachsenenwahrheit und sie uns ihre Kinderwahrheit. Um einander zu verstehen und Fehler einzusehen. Am Ende entschuldigen wir uns gegenseitig.

»Ihr seid doch die Eltern! Ihr müsst euch doch nicht erklären!«, meinte eine Freundin, als ich ihr davon erzählte. Im klassischen Sinne hat sie vielleicht recht. Jahrhundertelang hatten Eltern und Lehrer als Hüter des Wissens quasi per Definition Autorität. Sie gaben Gut und Böse vor. Sie stellten die Regeln auf. Den Kindern fiel die Rolle der Empfänger, der Schüler zu.

Aber die Zeiten haben sich geändert. Massiv. Die alten Muster lösen sich auf. In der digitalen Welt sind Kinder ihren Eltern technisch überlegen. Was Eltern schädlich finden, kann der Job von morgen sein; aus stundenlangem PC-Spielen eine Karriere als Profi-Gamer werden.

»Wenn wir Medien entwickeln, verändern wir die Welt. Und wenn sich die Welt verändert, verändert das unser Denken«, sagte Professor Max Woodtli, Dozent für Medienbildung und Berufspädagogik an der Pädagogischen Hochschule Thurgau, bei der Internet-Konferenz »re:publica 2014«. Auch Eltern und Lehrer müssten ihr Denken ändern, sich vom traditionellen Rollenverständnis verabschieden. »Ich muss wissen, dass ich in jeder Situation sowohl Lernender als auch Lehrender sein kann.« Noch so ein Paradoxon.

Vielleicht ist das 21. Jahrhundert das Zeitalter der Widersprüche. Noch nie stand der Menschheit auf Knopfdruck so viel Wissen zur Verfügung. Noch nie war es so einfach, Thesen und Gegenthesen zu sammeln, die eigene Meinung auf den Prüfstand zu stellen. Aber es war auch noch nie so bequem, sich Gegenargumenten zu verschließen. Mit Algorithmen und Newslettern den Blick auf die Welt so zu verengen, dass Nachrichten und Freunde zur eigenen Weltanschauung passen.

Noch nie war es so einfach, mit ein paar Sätzen einen Aufruf zu starten, um anderen zu helfen.

Doch es war auch noch nie so einfach, mit ein paar Worten einen Sturm auszulösen, der im schlimmsten Fall Existenzen zerstört.

> Nie zuvor standen uns auf Knopfdruck so viel Wissen und Argumente zur Verfügung. Aber nie zuvor konnten wir uns Gegenargumenten so leicht verschließen.

Ich kann meine Tochter nur bedingt davor beschützen, im Internet gemobbt zu werden. Aber ich kann sie sehr wohl davor schützen, zur Täterin oder Mittäterin zu werden.

Ich kann ihr erklären, dass eine abschätzige Meinung, die auf dem Schulhof vielleicht verhallen würde, im Internet eine unvorhersehbare Dynamik entwickelt. Dass ein »Wie sieht das denn aus«, im Internet gepostet, heftiger verletzt als ins Gesicht gesagt.

BILD DIR (K)EINE MEINUNG

- wenig zeit zum nachdenken
- meinungen haben keine zeit zum reifen
- zementiert in die digitale ewigkeit

WAS IST WAHRHEIT?

ACHTSAMKEIT
EMPATHIE

GERÜCHTE
MOBBING

ERWACHSENEN= WAHRHEIT

KINDER = WAHRHEIT

wenn wir **MEDIEN** entwickeln, verändern wir die **WELT**, und wenn sich die welt verändert, verändert das unser **DENKEN**.

ERWACHSENEN= WAHRHEIT

KINDER= WAHRHEIT

Ich kann ihr Achtsamkeit mit auf den Weg in die digitale Welt geben. Indem ich sie vorlebe. Wenn ich der Meinung bin, dass einer ihrer Sprüche unter #kindermund getwittert werden sollte, zeige ich ihr den Entwurf zum Gegenlesen. Meine Tochter muss entscheiden, ob alle diesen Ausspruch lesen dürfen. Und wenn sie es nicht möchte, löschen wir den Tweet gemeinsam.

Klick-Tipps

Einige Internetseiten, auf denen sich Kinder zu aktuellen Nachrichten, Religion, Politik und Kinderrechten informieren können:

www.hanisauland.de

www.tivi.de/fernsehen/logo/start

www.kidsville.de

www.news4kids.de

www.religionen-entdecken.de

www.kinder-ministerium.de

www.kindersache.de

www.planet-schule.de

www.klexikon.zum.de – Wie Wikipedia für Kinder, zum Nachlesen und Mitgestalten.

10 Drum prüfe, was sich Quelle nennt

Meine Großmutter hatte natürlich noch kein Handy, aber ein Damen-Portemonnaie von der Größe eines 5,5-Zoll-Smartphones. Darin verwahrte sie neben Geld auch andere Papiere: Witze, Fotos und Meldungen, die sie aus der Zeitung ausschnitt und die sie dann und wann hervorholte. Um uns zu berichten, dass ein Glas Rotwein am Abend gut für die Gesundheit sei oder sich mehr Menschen vor Spinnen als vorm Tod fürchten. »Das stand in der Zeitung«, sagte sie dann und kramte den Beweis aus ihrer Geldbörse. Mein »Du darfst nicht alles glauben, was in der Zeitung steht« hat sie darin bis zum Schluss nicht beirrt. Schließlich sei es die Arbeit von Reportern, die Wahrheit herauszufinden.

Im Prinzip hatte sie recht. Mit dem Pressekodex, den journalistisch-ethischen Grundregeln, verpflichten sich Journalisten zur Sorgfalt und dem sogenannten Zwei-Quellen-Prinzip: Zwei Quellen müssen unabhängig voneinander einen Vorfall bestätigen.

Trotzdem ist das noch keine in Stein gemeißelte Garantie für den Wahrheitsgehalt, wie ich ihr an ein paar Beispielen beweisen konnte: So wurde Nikita Chruschtschow 1964 vorübergehend für tot erklärt, der *Stern* druckte 1983 angebliche Hitler-Tagebücher, die aus der Feder des Fälschers Konrad Kujau stammten. Und 2006 sorgte David Lucas weltweit als Exporteur von Galgen für afrikanische Diktaturen für internationales

Aufsehen. Dabei hatte er sich sein »Geschäft« nur ausgedacht. »Die Geschichte um David Lucas hat alles, was eine gute Story braucht. Einen bizarren Bösewicht als Helden, der gegen gutes Geld Tötungsvorrichtungen an Schurken (…) liefert. Hier wird jedes Klischee bedient«, erklärt das *Praxisbuch für den Internetjournalismus*.[36] Und darum ging die Nachricht einmal um die Welt, bevor die Londoner *Times* die Zeitungsente mit einfacher Recherche enttarnte.

Meine Tochter wird ihre Schnipsel-Schätze nicht ausschneiden, sondern posten und im Internet bei Facebook, WhatsApp & Co. sammeln. Ich möchte nicht, dass sie glauben wird: Das stimmt, das stand im Internet.

> Kritische Distanz ist gefragt, denn ich möchte nicht, dass meine Tochter alles glaubt, nur weil es im Internet steht.

Die Krux dabei ist, dass ich Maria von Anbeginn das Netz als allwissende Informationsquelle vorgelebt habe. Wenn sie fragte, woran Mozart gestorben war, für welche Elise Beethoven das gleichnamige Klavierstück komponiert hatte oder warum Blut rot ist, vertröstete ich sie kurz und machte mich auf die Suche nach Antworten. Ich schlug nicht im Brockhaus nach, der im Bücherregal einstaubt, sondern im Suchfenster von Google oder Wikipedia.

Was ich in Sekundenbruchteilen als Antwort fand, gab ich ungeprüft an sie weiter. Dabei gilt Wikipedia an vielen Universitäten und Schulen nicht als hundertprozentig verlässliche Quelle. »Wikipedia ist ein Projekt zum Aufbau einer Enzyklopädie und nichts anderes«,[37] schreibt die 2001 vom US-amerikanischen Internet-Unternehmer Jimmy Wales ins Leben gerufene und spendenfinanzierte Online-Wissenssammlung über sich selbst. Anders als bei Fach-Lexika werden die Artikel nicht von ausgewählten Redakteuren und Wissenschaftlern verfasst, sondern von vielen Freiwilligen. Das Ergebnis der sogenannten Schwarm-Intelligenz ist im Hinblick auf Aktualität, Verlinkungen und Beitragsvielfalt beeindruckend, aber eben nicht ganz unkritisch zu sehen. Theoretisch können Artikel auch interessengetrieben oder ungenau sein.

Wie einfach es ist, dort zumindest vorübergehend Falschinformationen zu platzieren, zeigte sich, als Karl-Theodor zu Guttenberg 2009 zum Wirtschaftsminister ernannt wurde. Ein Wikipedianer hatte dem Freiherren zusätzlich zu seinen zehn Vornamen einen elften verpasst. Um zu sehen, ob es jemand merken würde, wie er später anonym berichtete.[38] Der dazu gemogelte »Wilhelm« fand sich kurz darauf in vielen Medien wieder. Von *Bild* bis *Spiegel*. Nicht die Journalisten schöpften schließlich Verdacht, sondern der Schwarm. Skeptische Wikipedia-Autoren verlangten im Diskussionsforum zu dem Artikel dezidierte Einzelnachweise und löschten den »Wilhelm«. *Spiegel-Online* entschuldigte sich kurz darauf mit Verweis auf den »großen Zeitdruck« und versprach, zukünftig noch sorgfältiger zu recherchieren: »Wikipedia bleibt für uns eine wichtige Quelle, darf aber für journalistische Arbeit nie die einzige Quelle sein.«[39]

Das absichtliche Einschmuggeln kleiner Fehler ist übrigens kein Phänomen des Internets. In den 1930ern brachten die Kartenzeichner Ernest Alpers und Otto G. Lindberg auf ihrer Landkarte den erfundenen Ort Agloe nordwestlich von New York unter – als eine Art Kopierschutz. Als der fiktive Ort Jahre später auch auf einer anderen Karte auftauchte, wurde wegen Urheberrechtsverletzung geklagt – aber der Prozess verloren. Denn inzwischen hatte ein Fischer seine Hütte auf den in der Landkarte gefundenen Namen »Agloe Lodge Farm« getauft und damit die erfundene Ortschaft Realität werden lassen. Der US-amerikanische Autor John Green schuf ihr mit seinem Jugendroman *Paper Towns*, der 2010 unter dem Titel *Margos Spuren* auf Deutsch erschien, sogar ein literarisches Denkmal. Vermutlich haben sich Lindberg und Alpers nicht vorstellen können, dass ihre Schwindelei einen solchen Nachhall finden würde.

Mit dem Internet ist der Resonanzkörper für Lügen ins schier Unermessliche gewachsen. Fast täglich werden Verschwörungstheorien, Gerüchte oder erfundene Meldungen, falsche Versprechen, fingierte Warnungen und geheuchelte Bitten hineingeworfen, vermischen sich mit Nachrichten, Schicksalen und Ereignissen. Nicht die Wahrhaftigkeit in der realen Welt, sondern die Resonanz in der virtuellen bestimmt darüber, ob ein Post versandet oder zum reißenden Fluss wird. Deshalb ist es wichtiger denn je, zur Quelle zu finden.

Um Maria dafür zu sensibilisieren, begann ich mit kleinen Sätzen Zweifel am virtuellen Allwissen zu säen. Wenn ich eine ihrer Fragen mit Hilfe des Internets beantwortete, las ich das Ergebnis meiner Suche nicht mehr einfach nur vor. Ich umklammerte es mit einer Einschränkung. »Also hier steht (…).

> Ob ein Post eine Welle lostritt oder nicht, hängt nicht vom Wahrheitsgehalt, sondern von der digitalen Resonanz ab. Daher muss alles genau hinterfragt werden.

Aber ob das stimmt, weiß ich nicht. Das müsste ich erst prüfen.« Oder: »Ob das richtig ist, weiß ich nicht.«

Dann hatte ich Glück. Videos von Katzen, die angeblich fürchterlich vor Gurken erschraken und in die Luft sprangen, machten die Runde. Ich sah mir die Videos mit meiner achtjährigen Tochter an und meinte, es könnte auch sein, dass die Tiere trainiert worden waren, um lustige Videos zu drehen, die dann im Internet geteilt und berühmt werden. Da wir einen Kater im Haus haben, wollten wir prüfen, wie er reagiert. Heimlich legten wir das Gemüse hinter ihn, als er fraß. Anders als die Videokatzen flippte er nicht aus, sondern machte nur einen kleinen Bogen um das Hindernis. Die Frage, ob die anderen Katzen nun trainiert worden waren oder unser Kater einfach nur ein besonders mutiger und unerschrockener Vertreter seiner Art war, ließ sich nicht klären. Aber Zweifel manifestierten sich!

Da nicht dauernd Tiere panisch über Gemüse hüpfen, kann man auch gemeinsam bei YouTube die Filme von Zach King[40] anschauen, einem Illusionisten des Internets. Der US-Amerikaner begann seine Karriere bei dem Kurzfilm-Videoportal »Vine«. Dort laufen sechs Sekunden kurze Filme in Endlosschleife. Ich mochte dieses Format anfangs nicht besonders, bis ich durch die Arte-Sendung »Tracks« auf den Amerikaner aufmerksam wurde. Zach King schafft es mit seinen Kurz-Clips, Millionen zu verblüffen und zu begeistern. Mal pupst er Luftballons, mal befreit er eine Katze aus dem PC-Bildschirm, mal druckt er sich Pizza, mal fliegt er mit Kartonflügeln. Die Videos sind so gut geschnitten, dass sie real scheinen. Und doch wird selbst einem Kind sofort klar: Das kann nicht echt sein.

Demnächst will ich mit Maria auch »Wahrheit oder Lüge« spielen. Mit Nachrichten. Ihr schräge Meldungen ausdrucken, die beispielsweise bei *Spiegel-Online* im Ressort Panorama unter kurz&krass stehen und ihr dazu erfundene Nachrichten von der Satire-Webseite *Der Postillon* vorlegen. »Geheimdienst vergisst Sprengstoff im Schulbus«[41] oder »Feministinnen fordern Umbenennung von Mannheim in Menschheim«.[42] Was ist wahr, was gelogen? Hinsichtlich Layout, Wortwahl und Optik sind Nachricht und Erfindung kaum zu unterscheiden. Es gibt allerdings Hinweise: Bei den Meldungen steht meist das Kürzel dpa, AFP, AP oder Reuters – der Name der Nachrichtenagentur – als Quellenangabe. Der *Postillon* kennzeichnet seine Satire mit dem ausgedachten Kürzel dpo.

Doch nicht jede Falschmeldung im Web enttarnt sich freiwillig. Und Zweifel allein sind keine verlässliche Wegbeschreibung, um nach der Ursprungsquelle zu suchen, sie sind nur der Impuls, nach den Instrumenten dafür zu greifen. Den einen oder anderen Kompass kann jeder im Internet finden. Die Orientierungshilfen möchte ich Maria zeigen, bevor sie in die virtuelle Welt aufbricht.

Es gibt Webseiten, die Lügen entlarven, sammeln und als Hoax kennzeichnen. Der Begriff Hoax kommt aus dem Englischen und bedeutet Scherz oder Streich. In der realen Welt kann das ein Pupskissen sein. Wer sich in der virtuellen Welt darauf setzt, fällt auf Verschwörungstheoretiker oder Betrüger

> Bei der Suche nach dem Ursprung einer Meldung reichen Zweifel als Wegmarken nicht aus. Geeignetere Instrumente, um Falschmeldungen zu entlarven, findet man im Netz.

herein und fängt sich Lügen oder Ängste ein. Das ist aber nicht lustig, sondern gefährlich.

Ein umfassendes Archiv von Hoaxes stellt der IT-Sicherheitsberater Frank Ziemann von der Technischen Universität Berlin unter *hoax-info*[43] bereit. Für Laien verständlich werden die unterschiedlichen Erscheinungsformen erklärt und alphabetisch nach Betreff, Dateinamen oder signifikanten Textstellen gelistet.

Mimikama.at durchsucht mit über einer halben Million Facebook-Freunden unter »Zuerst denken – dann klicken« (ZDDK)[44] vor allem Social-Media-Posts. Der österreichische Verein recherchiert ihnen hinterher, warnt dann vor Falschmeldungen und gibt Nachrichten einen Like-Daumen.

Von angeblichen Vergewaltigungen durch Asylbewerber bis

zu vermeintlich leergeklauten Supermärkten sammelt das Projekt *hoaxmap.org*[45] auf Google-Maps Gerüchte über Flüchtlinge und widerlegt sie. Die Lügen werden nach Bundesland, Stadt und Art der Gerüchte gelistet.

Angebliche Viren-Warnungen kann man beim Bundesamt für Sicherheit in der Informationstechnik gegenchecken. Dort gibt es per Newsletter und Webseite[46] Auskunft über aktuelle Software-Sicherheitslücken, Computerviren und ihre Verbreitungsform.

Zusätzlich zu den mir bekannten Hoax-Jägern – es gibt sicher noch mehr – finden sich im Netz auch für Fotos und Videos einfach zu bedienende Wahrheitssucher-Werkzeuge wie *Google-Bildersuche*[47] oder der *YouTube-DataViewer*.[48]

Denn oft werden Falschmeldungen über emotionale Fotos verkauft. Dass diese in einem anderen Zusammenhang aufge-

> Emotional aufgeladene Abbildungen unterstützen oft die Wirkung von Falschmeldungen. Dass sie aus einem anderen Kontext stammen, wird verschwiegen.

nommen wurden, wird verschwiegen. Um dem auf den Grund zu gehen, kann es helfen, wenn man das Bild auf seinen Rechner herunterlädt oder mit der rechten Mouse-Taste die Grafikadresse kopiert. Anschließend lädt man bei der Google-Bildersuche das Foto hoch oder fügt die Grafikadresse im Suchfenster ein. So werden Artikel mit dem gleichen Bild und optisch ähnlichen Fotos angezeigt. Umgekehrte Bildersuche heißt das Prinzip. Wenn verschiedene Meldungen zum gleichen Bild erscheinen, ist man vermutlich einem Hoax auf der Spur.

Auch bei Videos kann man nach diesem Prinzip rückwärts suchen. Dafür stellt Amnesty International den YouTube-Data Viewer bereit. Gibt man dort die URL-Adresse des fraglichen Videos im Suchfenster ein, kann man erkennen, wann und in welchem Zusammenhang das Video im Netz hochgeladen wurde.

Zusätzlich lohnt immer auch ein Blick auf den Absender – sei es als Nachrichtenquelle, Mailversender oder Social-Media-Profil.

Lässt man sich bei Mails, die zur Verlängerung eines Abos aufzurufen scheinen oder angeblich vom Kundendienst stammen, im »Von«-Feld die komplette Mailadresse anzeigen, hat das, was hinter dem @ steht, häufig nichts mit dem angeblichen Versender zu tun. Dann weiß man, dass die Mail in den Papierkorb gehört und nicht auf die To-do-Liste.

Bei unbekannten Nachrichtenportalen schafft ein Überblick über die restlichen Artikel auf der Seite und das Impressum eine Möglichkeit, zu erahnen, welche Intentionen und Ziele der Verfasser bezweckt. Gleiches gilt für Posts bei Social Media.

Im Februar 2016 teilten und kommentierten Facebooknutzer ungeprüft den Foto-Post von angeblichen Handy-Gutscheinen für Flüchtlinge. »Bekommen die jetzt schon alles in den Arsch geschoben? (…) Wann wachen die Leute endlich auf«, hatte Post-Initiator »Micha Gerlach« dazu geschrieben – und auf dem Bild auch Hinweise versteckt, dass es sich um einen Fake handelte. So war auf dem Umschlag ein Stempelaufdruck

DRUM PRÜFE, WAS SICH QUELLE NENNT

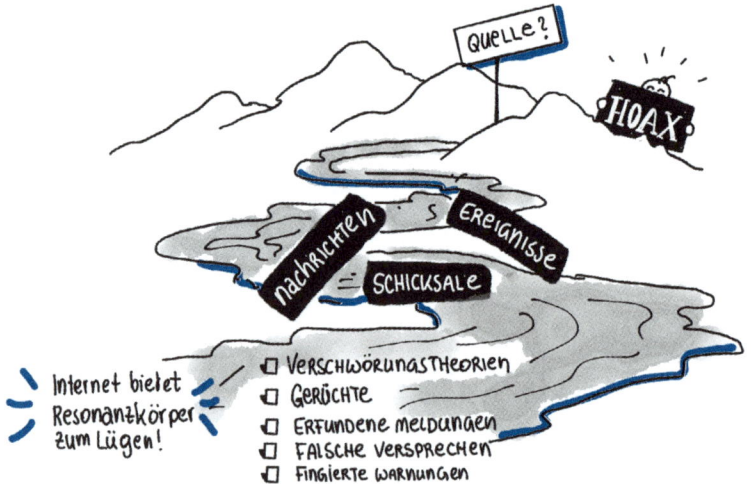

Internet bietet
Resonanzkörper
zum Lügen!

- Verschwörungstheorien
- Gerüchte
- Erfundene Meldungen
- Falsche Versprechen
- Fingierte Warnungen

mit dem Wortlaut »Das Problem heißt Rassismus« zu erkennen. Trotzdem ist das Foto gelikt, geteilt und hetzerisch kommentiert worden. Nach einem Tag bearbeitete der Verfasser den Ursprungs-Beitrag, und statt des Gutscheinfotos erschien in der Facebook-Timeline der Kommentatoren und Post-»Freunde« der entlarvende Spruch: »Ich bin ein strohdummer Nazi. Ich verbreite Hetze über das Internet und teile sämtlichen Dreck ohne Überprüfung.«[49] Später löschte »Micha Gerlach« sowohl den Beitrag als auch sein Profil. Das Gerücht verschwand im virtuellen Nirwana.

Meist jedoch vervielfältigt sich eine Falschmeldung immer und immer wieder, taucht in regelmäßigen Abständen in den Timelines auf – so wie seit Jahren bei Facebook der Post mit »Ich widerspreche den Allgemeinen Geschäftsbedingungen«.

Als ich noch Facebook-Neuling war, teilte ich auf meinem Profil einen dieser AGB-Widersprüche – in dem naiven Glauben, meine persönlichen Informationen und Fotos vor der kommerziellen Nutzung schützen zu können. Damit zeigte ich damals zwar Sorge um meine Daten, aber vor allem Nachholbedarf in Medienkompetenz. Denn der einzige Weg, den Facebook-AGBs zu widersprechen ist, sich abzumelden. Kurze Zeit später löschte ich den sinnlosen Widerspruch. Doch irgendwo in den Untiefen der Server ist diese Dummheit, die ich im Neuland begangen habe, auf ewig gespeichert. Auch davon werde ich meiner Tochter erzählen. Nach dem Motto: Mama wollte mal bei Facebook mit ein paar Sätzen ihre Daten schützen. Das ist so, als würde man einer Cola sagen können, ich verzichte auf deinen Zucker, und schon wäre sie gesünder. Und das hat Mama geglaubt – nur weil es im Internet stand und von ein paar Freunden geteilt wurde.

Klick-Tipps

Seiten, um einen Hoax zu enttarnen

https://hoax-info.tubit.tu-berlin.de – Umfassendes Archiv von Hoaxes.

www.hoaxmap.org – Falschmeldungen und Gerüchte über Asylsuchende.

www.mimikama.at – Prüft Social-Media-Posts auf ihren Wahrheitsgehalt.

www.amnestyusa.org/citizenevidence – Der *YouTube-DataViewer* für Rückwärtssuche von Videos.

www.google.com/imghp – Google-Bildersuche

Suchmaschinen für Kinder

www.fragfinn.de

www.blinde-kuh.de

www.helles-koepfchen.de

11 Wie privat ist die digitale Sphäre?

»Es kann sein, dass Privatsphäre eine Anomalie ist«, meinte der Informatiker Vint Cerf in einem Workshop über das »Internet der Dinge« bei der US-Handelskammer.[50] Der 1943 geborene Mathematiker gilt als einer der Wegbereiter des Internets und arbeitet seit 2005 unter dem Titel »Chief Internet Evangelist« als Aushängeschild für Google. Cerf erklärte, dass erst mit der industriellen Revolution und den wachsenden Städten das Gefühl der Anonymität entstanden sei. Vorher hätte es diese Form der Privatsphäre kaum gegeben, weil sich die Leute in kleinen Ortschaften ständig gegenseitig beobachteten.

Selbst alltägliche Gegenstände wie Kaffeemaschinen und Puppen werden mittlerweile mit dem Web verbunden. Das heißt dann »Internet der Dinge«.

Mit der digitalen Vernetzung wird die Welt wieder zu einem Dorf, in dem man sogar von der Zahnbürste observiert werden kann. Unter dem Schlagwort »Internet der Dinge« werden inzwischen selbst einfache Alltagsgeräte wie Kaffeemaschinen oder Puppen mit Computertechnik ausgestattet und mit dem Web verbunden. Die Zahnbürste zeichnet die Putzbewegungen auf, gibt per App Tipps und sammelt fleißig Daten. Irgendwo wird gespeichert, wann man sich wie lange die Zähne geputzt hat und wann nicht. Informationen, die Zahnärzte und Krankenkassen interessieren könnten. »Hello Barbie«, ein Sondermodell der beliebten Mattel-Puppe, will dank Mikrofon, Lautsprecher und WLAN-Schnittstelle dem Kind eine Art Gesprächspartner sein. Das Gesagte wird in Sekundenbruchteilen an Server geschickt und eine passende Antwort zurückgeliefert. Und natürlich irgendwo gespeichert. Google arbeitet an Kontaktlinsen für Diabetiker, die anhand der Tränenflüssigkeit die Blutzucker-Werte messen und ihre Träger bei Schwankungen warnen sollen. Die Daten werden per Handy oder Uhr übertragen. Die »Internet der Dinge«-Palette wächst mit jedem Jahr. Und damit auch die Zahl der möglichen Beobachter.

Die Krux dabei ist, dass wir noch in unserer Großstadtlebenserfahrung denken! Da ist es beruhigend, wenn etwas Sicherheit, Komfort und Schutz verspricht. Wenn das Armband etwa an den Arzttermin erinnert oder das Smartphone an den Eisprung. Inzwischen gibt es Tausende digitale Gesundheitshelfer, Apps für Fitness, Diabetes, Herz, Kinder- oder Abnehmwunsch. Und Millionen Menschen, die sie nutzen und damit quasi Teile der eigenen Krankenakte ins Netz geben. Cerf meinte treffend: »Die Technologie, die wir heute nutzen, hat unsere soziale Intuition weit überholt.«

Selbst bei vergleichsweise altbekannten digitalen Helfern herrscht teilweise noch ein falsches Verständnis von Privatheit. Eine Mail kann »vertraulich« sein – wenn sie verschlüsselt ist.

Sonst kann sie mit wenigen Klicks reproduziert werden und in Sekunden eine größere Leserschaft erreichen als eine Postkarte. Zu Marias Kindergartenzeiten führte dieses Missverständnis zu einem Eklat, an dem die vorher harmonische Elterngruppe zerbrach.

Zwei Mütter hatten in Mails an die Elternsprecherin in ihren Augen scheinbar grundlegende Missstände in der Kita angeprangert. Nicht vorsichtig formuliert, wie sie es wahrscheinlich auf einer Postkarte getan hätten, sondern unsachlich und verletzend wie in einem Hinter-dem-Rücken-Tratsch. Nach dem Motto: Alles Scheiße, alle unfähig, kümmere dich. Und die Elternsprecherin kümmerte sich, anonymisierte die Vorwürfe in einer neuen Mail, schickte diese an alle Eltern der Gruppe und bat um unsere Einschätzung: Ob es ein persönliches oder ein generelles Problem sei. Durch eine Verkettung von unglücklichen Umständen landete diese Mail kurz darauf bei den Erzieherinnen. Die waren geschockt. Nicht so sehr wegen der – wie ich fand ungerechtfertigten – Kritik. Was sie zutiefst traf, war die Art, wie gegen sie gehetzt wurde. Es gab einen Elternabend und die Möglichkeit, die Situation zu entschärfen, die Verantwortung für die verletzenden Worte zu übernehmen. Aber keine der beiden Mail-Schreiberinnen gab sich zu erkennen und entschuldigte sich. Unsere Elterngruppe zerbrach daran. In diejenigen, die fanden, die beiden Mütter müssten aus dem Schutz der Anonymität treten und ihre Verantwortung übernehmen. Und diejenigen, die sie mit dem Argument »war ja nicht so gemeint« verteidigten, sich auf die angebliche Privatsphäre von Mails beriefen.

Mit »war ja nicht so gemeint« kann man in der analogen Welt eventuell eine spitze Bemerkung oder einen Streit einfangen und vielleicht sogar aus der Erinnerung löschen. In der digitalen Welt ist das unmöglich. Jede Mail, jedes Wort wird gespeichert. In Mailfächern, auf Computern, auf Servern.

Trotzdem lästert es sich online leichter als offline. Im Wohnzimmer kann die Kindergärtnerin nicht plötzlich vorbeikommen und zufällig hören, was über sie getratscht wird. »Im Internet

> Während man in der analogen Welt einen Streit relativ leicht wieder klären und vergessen machen kann, geht das in der digitalen Welt nicht. Alles wird gespeichert.

ist man körperlich nicht aktiv, man nimmt sein Verhalten anders wahr«, erklärte Catarina Katzer, Sozialpsychologin und Expertin auf dem Gebiet des Cyberpsychologie-Verhaltens in einem Interview.[51] »Die meisten Menschen wissen, dass man im Laden kein Buch klauen darf. Aber im Internet ist die Hemmschwelle für Straftaten niedriger. Das liegt einerseits daran, dass man im Netz anonymer ist. Andererseits sieht man die Konsequenzen seines Handelns nicht direkt.« Hätten die Mütter gewusst, dass ihre Worte die Kindergärtnerinnen erreichen würden, hätten sie diese sicher überdacht und sachlicher gewählt.

Dabei sind Mails so etwas wie die langsame Königsform der digitalen Kommunikation. Man beginnt sie mit einem klaren

Ziel vor Augen, schreibt in einem Moment der relativen Ruhe, setzt den Empfänger ein, sucht nach einer Betreffzeile und liest den Text am Ende oft nochmal nach Fehlern gegen. Man nimmt sich Zeit für eine Mail. Viel rasanter dagegen ist der Austausch in Chats. Selbst wenn es nur zwei Empfänger gibt, gleicht die Kommunikation dort eher einem Gedanken-Ping-Pong. Auch dieser ist nur scheinbar privat.

In Rumänien führte ein solches Geplänkel 2007 zur Kündigung. Bogdan Mihai Bărbulescu arbeitete bei einem Energieunternehmen und hatte sich auf Anweisung der Firma einen Yahoo Messenger Account für Kundengespräche eingerichtet. Er nutzte die neue Technik – auch privat. Er chattete mit seiner Verlobten und seinem Bruder, tauschte sich mit ihnen auch über Themen wie Sex und Gesundheit aus. Die beiden störte das nicht – wohl aber den Arbeitgeber. Der las die Online-Kommunikation knapp zwei Wochen mit, ohne dass der Ingenieur es wusste. Erst danach wurde der Angestellte informiert. Als er erklärte, er habe den Rechner während der Arbeitszeit nur dienstlich genutzt, bekam er 45 Seiten seiner privaten Chat-Protokolle und kurz darauf die Kündigung vorgelegt. Bărbulescu sah seine Privatsphäre verletzt und klagte. Er zog bis vor den Europäischen Gerichtshof für Menschenrechte in Straßburg. Dabei berief er sich auf die Europäische Menschenrechtskonvention, deren Artikel 8, Absatz 1, besagt: »Jede Person hat das Recht auf Achtung ihres Privat- und Familienlebens, ihrer Wohnung und ihrer Korrespondenz.« Am 12.01.2016 entschied der Gerichtshof, dass der Arbeitgeber den Dienstrechner überwachen durfte, da er vorher dessen private Nutzung untersagt hatte.[52] Der persönliche Bereich des Ingenieurs sei nicht verletzt worden, obwohl der Chef höchst pikante Details zu lesen bekam. Privates in digitalen Sphären ist also auch höchstrichterlich relativ.

Um meiner Tochter ein Grundgefühl dafür zu vermitteln, habe ich von Anfang an versucht, ihr klarzumachen, dass sie im Netz niemals allein sein wird. Selbst wenn sie einsam auf dem Sofa sitzt und tippt. Dabei hilft auch das Internet. Unter der Adresse *internetlivestats.com* kann sie in Echtzeit und sehr anschaulich sehen, wie viele E-Mails geschrieben, wie viele Tweets versendet, Bilder bei Instagram hochgeladen werden oder wie viele Nutzer bei Facebook angemeldet sind.

Außerdem haben wir beim Laptop und bei unseren Tablets die Kameras abgeklebt. Nicht, weil ich wirklich glaube, dass sich ein Hacker bei uns einklinkt und unsere Privatsphäre ausspioniert. Und wenn, hätte er sich vermutlich schon zu Tode gelangweilt, weil wir nach dem Tippen oder Surfen den Laptop zuklappen, Tablet und Smartphone in ihre Schutzhülle legen. Unsere Kameras sind abgeklebt, weil Maria ein gesundes Misstrauen mit auf den Weg bekommen soll. Ich erklärte ihr, dass sie dort nicht nur fotografiert, sondern auch beobachtet werden könnte. »Da kann ein Fremder in den Computer schleichen, ohne dass du es merkst und fotografiert dich, ohne zu fragen. Und das wäre doch blöd.«

Von Fremden durch Smartphone oder Computer beobachtet zu werden, kann schnell passieren. Ein falscher Klick, und schon installiert sich beispielsweise Ransomware – Schadprogramme, mit denen digitale Eindringlinge einen Computer von außen sperren und für die Daten Lösegeld verlangen können. Unter anderem wurde solche Erpresser-Software 2015 mit der Porno-App »Adult-Player« auf Smartphone und Tablets geschmuggelt. Beim Installieren bekam die App Zugriff auf die

Frontkamera und schoss heimlich Bilder, während man sich beispielsweise die Filme ansah. Kurz darauf flatterten dem Nutzer ein peinliches Selfie und eine Erpresser-Nachricht auf den
Bildschirm. Das Lösegeld ließ sich per PayPal überweisen. Ob
die Bilder danach wie versprochen wirklich gelöscht wurden,

> Via Smartphone oder
> Computer kann man schnell
> ausgespäht werden, ohne es
> zu merken.

ist nicht nachprüfbar. Der Erpresste muss also ewig damit
rechnen, dass ihn diese aus irgendeiner Ecke des Internets wieder anspringen.

Damit ihr ein solcher Einbruch in die Privatsphäre möglichst erspart bleibt, sollte Maria lernen, die Kamera bewusst
einzuschalten. Wenn eine ihrer Spiele-Apps ein Foto machen
will, sagt sie Bescheid. Dann sehen wir uns gemeinsam an, wofür das Bild benutzt werden soll. Bei der Sendung-mit-der-
Maus-App zum Beispiel kann man ein Foto aufnehmen, um
sich Elefantenohren aufzusetzen und Schnurrbarthaare an-
zumalen. »Die App darf dich fotografieren, der kannst du vertrauen.« Dann darf Maria den Klebezettel an der Kamera
hochklappen und auf den Auslöser drücken. So ist das digitale
Fotografieren eine haptische Handlung.

Einmal fiel der Klebezettel am Tablet von der Frontkamera.

Maria sah das und rief lachend zum Computer: »Hey, wenn du uns jetzt beobachtest: Hier gibt's nichts zu gucken!« Dann klebten wir einen neuen Zettel vor die Linse und dichteten den möglichen Einblick in unsere Privatsphäre wieder ab.

Seit kurzem darf Maria auch mit meinem Smartphone reden, wenn ich dabei bin. Es war interessant zu beobachten, wie die Sprachassistent-Software von ihr zunächst als Person wahrgenommen wurde. Maria stellte Fragen nach Gefühlen: »Wie geht es dir?«, »Magst du dich?«, wollte sie vom Sprachassistenten wissen und bekam von der Maschine zur Antwort: »Ich bin mir nicht sicher, ob ich das richtig verstanden habe«, »Oh guck mal, ein Eichhörnchen« und »Es geht hier um dich, nicht um mich.« Auch auf die Frage, ob Nachtwächter früher in der Weihnachtsnacht arbeiten mussten, gab es keine zufriedenstellende Antwort.

Ich erzählte Maria, dass hinter der Stimme kein Mensch steckt, sondern eine Maschine. Dass alle ihre Fragen zu einem riesigen Computer geschickt würden, der nach einer passenden Antwort sucht und diese zurückschickt. Dass solche Programme und Roboter keine Gefühle haben, sondern nach vorgegebenen Mustern handeln. Das führte uns zu einem längeren Gespräch. Maria wollte zum Beispiel wissen, ob ein eigener Roboter sie auch verlassen würde. »Wenn er darauf programmiert wird, geht er weg, egal, wie schön die Zeit bei dir war. Er hat ja keine Gefühle, folgt nur Befehlen.« Ich erzählte ihr von dem Science-Fiction-Film *Her*, in dem sich ein Mann namens Theodore in eine Computerstimme verliebt. Er vertraut »Samantha« seine intimsten Gedanken und Gefühle an. Er glaubt sogar, dass sie auch in ihn verliebt sei, glaubt an eine einzigartige Beziehung. Bis er eines Tages feststellt, dass

»Samantha« noch mit 8316 weiteren Menschen kommuniziert. Und mit anderen Betriebssystemen. Mit einem macht sie sich am Ende davon. Einfach so.

Maria fand die Geschichte sehr traurig. Und meinte, sie würde später vielleicht Roboter-Erfinderin werden, um ihnen auch Gefühle beizubringen. Bis dahin wird sie Künstlicher Intelligenz (KI) gegenüber hoffentlich skeptisch sein und nicht der Illusion der Vertrautheit erliegen – wie Theodore.

Die Lektion ist damit aber noch lange nicht beendet. Denn es geht auch um das, was wir nicht wissentlich von uns preisgeben. Datenspuren!

Um ein Gefühl für deren Bedeutung zu vermitteln, hat der Däne Søren Louv-Jansen Anfang 2016 ein Programm veröffentlicht, mit dem sich die Schlafgewohnheiten von befreundeten Facebook-Nutzern analysieren lassen. Es stützt sich darauf, dass bei dem sozialen Netzwerk unter den Aktivitätsdaten auch gespeichert wird, wer wann online ist. »Es ist wirklich einfach, an die Daten zu gelangen. Ich brauchte nur ein Programm, das Facebook immer wieder aufruft und den jeweiligen Datensatz sichert«, erzählte der Software-Entwickler in einem Interview.[53] Da die meisten Nutzer kurz vor dem Schlafengehen und kurz nach dem Aufstehen ihre Timeline checken, konnte er aus diesen Daten Rückschlüsse auf ihre Schlafgewohnheiten ziehen. Dabei ging es ihm nicht wirklich darum, seine Freunde auszuspionieren. Vielmehr wollte er zeigen, dass Daten mehr über uns verraten können, als wir ahnen. Louv-Jansen: »Ich erzähle lediglich eine Geschichte und versuche, die Leute dafür zu sensibilisieren, dass sie täglich potenziell einer großen Öffentlichkeit ganz viel über sich verraten.«

Dazu gehören beispielsweise Posts und Nutzungszeiten in sozialen Netzwerken, Webseiten-Aufrufe, Standortdaten, Online-Einkäufe, Daten aus Fitnessstudios oder Navi-Geräten oder Anfragen bei Suchmaschinen wie Google. Allein dort gibt es pro Sekunde über 53 000 Suchanfragen.[54] Anfang 2016 stieg der Google-Mutterkonzern Alphabet zum wertvollsten börsennotierten Unternehmen der Welt auf. »Google hat die Kontrolle über die Fragen, die wiederum Informationen generieren. Diese Fragen bedeuten Kontrolle in der physischen Welt«, erklärte Luciano Floridi, Philosophieprofessor und Autor des Buchs *Die 4. Revolution* in einem Interview.[55] »In der Vergangenheit wurde Macht von den Menschen ausgeübt, die Kontrolle über Dinge hatten. Das 19. Jahrhundert. Dann kamen die Massenmedien – also Informationen über Dinge. Heute geht es um die Kontrolle der Fragen zu Informationen über Dinge.«

Der rasant anwachsende Strom derartiger Daten und Informationen wird unter dem Schlagwort »Big Data« zusammengefasst. Welche Macht er bedeutet, lässt folgende Passage aus der Broschüre *Kleine Daten, große Wirkung* erahnen: »Experten haben hochgerechnet, dass die Menschheit vom Beginn der Zeitrechnung bis zum Jahr 2003 rund fünf Milliarden Gigabyte an Daten erzeugt hat. Der Siegeszug des Internets, immer leistungsfähigerer Rechner und tragbarer Geräte sowie immer billigerer Speichermedien haben dazu geführt, dass wir mehr Daten denn je erzeugen und auch aufbewahren: Im Jahr 2011 sammelte sich dieselbe Datenmenge – 4,7 Exabyte – bereits alle 48 Stunden an.«[56]

Mit diesen Daten kann der Mensch vermessen, berechnet und in Schubladen gesteckt werden. Eine neue Form der Diskriminierung könnte die Folge sein. »Im schlimmsten Fall entsteht der maschinenlesbare Mensch, dem bei jedem Handgriff von der Wiege bis zur Bahre ein Algorithmus über die Schulter blickt und Buch führt.«[57]

> Anhand der im Netz hinterlassenen Datenspuren kann der Mensch problemlos typisiert und katalogisiert werden.

Kunden des US-amerikanischen Fahrdienst-Unternehmens Uber beispielsweise müssen mit einem süffisanten Blick des Fahrers rechnen, wenn sie sich nachts in bestimmten Gegenden absetzen lassen. Denn Uber hat die Daten der Fahrgäste nach einem bestimmten Muster analysiert: Wohin nämlich am späten Abend eine Fahrt gebucht und einige Stunden später nahe dem Absetzungspunkt eine weitere Fahrt angefordert wurde – angeblich das klassische Profil eines One-Night-Stands. »Rides of Glory« nennt Uber sie und prahlte in einem Blogbeitrag: »Wir wissen, dass wir nicht die einzige Liebe eures Lebens sind, und wir wissen, dass ihr manchmal an anderer Stelle danach sucht. Während ihr unterwegs seid, einen anderen Menschen zu lieben, haben unsere #UberData-Nerds mit den Computern gekuschelt.«[58] Angeblich sei das Fremdgänger-Aufkommen am Freitag und Sonnabend besonders hoch und einmalige Liebesnächte würden sich in bestimmten Stadtbezirken häufen. Auf Stadtplänen von San Francisco, New York, Boston, Chicago,

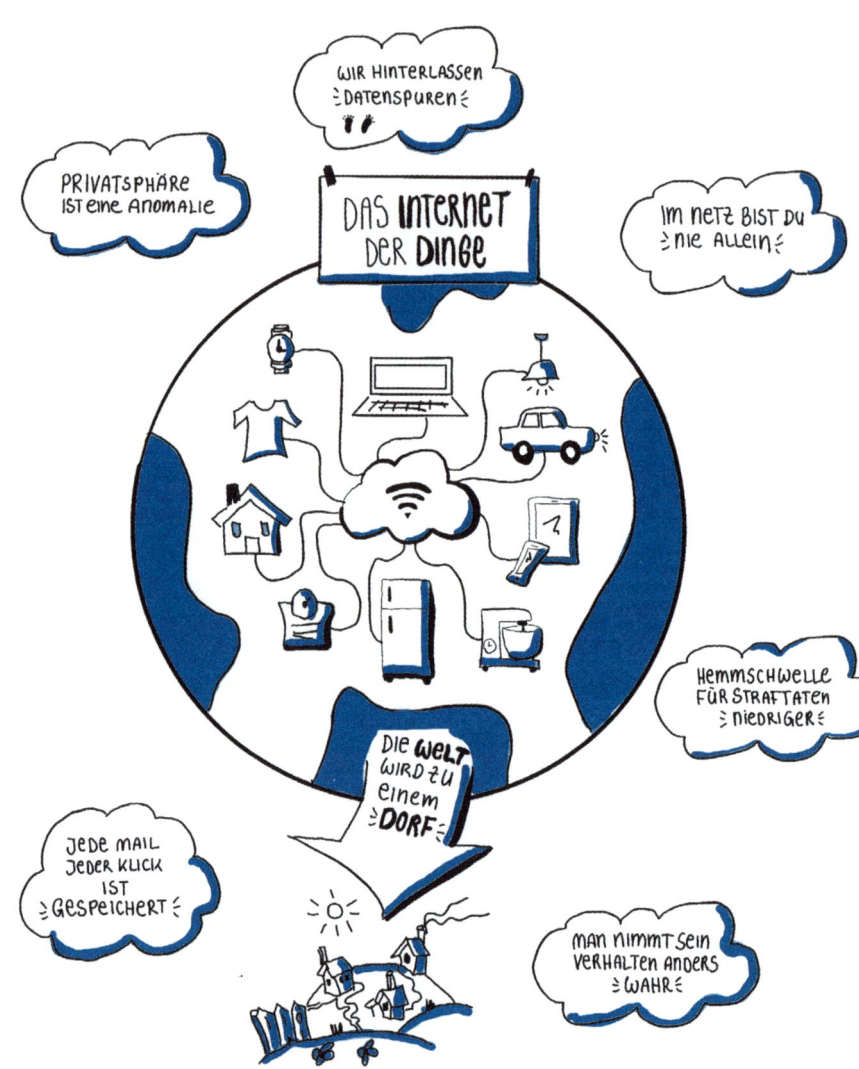

Washington und Seattle wurden diese rot eingefärbt und in dem Blogpost veröffentlicht. Als es Kritik an dieser Form der Durchleuchtung der Nutzerdaten gab, löschte Uber den Post.

Aber so leicht vergisst das Internet nicht. Im digitalen Langzeitarchiv von *archive.org* lassen sich mit der Suchmaschine »Wayback Machine« auch gelöschte Seiten abrufen, indem man in der Zeit zurückgeht und die früher abgespeicherten URL-Visionen aufruft.[59] Das Langzeit-Gedächtnis des Internets wurde 1996 als Non-Profit-Unternehmen in San Francisco gegründet, um Forschern, Historikern und Wissenschaftlern einen einfachen Zugang zur digitalen Vergangenheit und zu historischen Sammlungen, die in digitaler Form vorliegen, zu ermöglichen. Seit 2001 gibt es das Such-Tool »Wayback Machine« auch für jedermann. Über 40 Milliarden Webseiten sollen dort archiviert sein. So wird auch das fragwürdige Uber-Datenspiel auf ewig im Netz bleiben.

Mit Maria will ich später diese digitale Bücherei einmal in Ruhe besuchen. Zum einen, um ihr zu zeigen, wo sie Informationen, frei verfügbare Fotos und Filmmaterial für Hausarbeiten finden kann. Zum anderen, um ihr klar zu machen, dass das Internet auch Milliarden von Datensätzen archiviert.

Um ihr – und mir – jetzt schon eine Ahnung des selbstproduzierten Informationsgoldes zu geben, habe ich zeitweise ein Add-on für Firefox installiert. Mit der Firefox-Add-on *Lightbeam* kann man, grafisch aufgearbeitet, sehen, wie viele Seiten besucht und wie viele via Cookie darüber informiert wurden. Vor kurzem sahen wir uns *Lightbeam* gemeinsam an: Ich hatte 128 in Kreisform dargestellte Seiten aufgerufen. Darüber wurden 274 mit Dreiecken symbolisierte Fremdseiten informiert, von denen mir einige via Google oder Werbung eingeblendet

wurden. Was dieses faszinierende Netz aus Kreisen und Dreiecken über mich aussagt, weiß ich nicht. Deshalb hoffe ich, dass
sich Maria in der Zukunft auch mit Programmieren beschäf-
tigt. Um Daten lesen zu lernen, und um sie mir zu erklären.
Und wer weiß, vielleicht hat sie Spaß daran und will die Zukunft mitgestalten: Die der Daten und der Privatsphäre.

Klick-Tipps

www.internetlivestats.com – Anschauliche Statistiken zum
Thema Internet, Social Media & Co.

https://archive.org – Im digitalen Langzeitarchiv lassen
sich mit der Suchmaschine *Wayback Machine* auch
gelöschte Seiten abrufen.

Medienkompetenz für Kleine und Große

www.kika.de/timster – »Timster«, das Medienmagazin für
Grundschüler auf KiKa.

www.ccc.de/de/schule – Chaos macht Schule – Initiative vom
Chaos Computer Club, um Schüler, Eltern und Lehrer bei
Medienkompetenz und Technikverständnis fit zu machen.

www.schau-hin.info – Elternratgeber zur Mediennutzung.

www.teachtoday.de – Initiative der Telekom zur Förderung
kompetenter Mediennutzung.

www.juliane-jammer.de – Dozentin für digitale Medien-
bildung, bietet in Schülerkursen und Elternabenden
Anleitung für sicheren und kreativen Umgang mit neuen
Medien.

12 Von Herzen und Schmerzen

Im Zug nach Hamburg. Draußen erwacht der Tag, stemmt sich die Morgensonne gegen den Nachthimmel. Felder und Kühe ziehen wie warme Schatten vor dem Fenster vorbei. Ich sehe hinaus und denke plötzlich: »Im Zug sitzen, offline sein, R.E.M. hören, voll #90er, voll #Luxus.« Ich erschrecke ein bisschen über mich selbst. Ich bin keine Gewohnheits-Twitterin, teile weder Essensfotos noch Party-Erlebnisse mit der virtuellen Weltgemeinschaft und stelle kaum persönliche Fotos bei Facebook ein. Trotzdem taste ich mein Leben unbewusst nach teilbaren Sequenzen ab, bei denen die Umgebung zum Statisten für Selfie-Momente wird. Und dass, obwohl nur drei Apps auf meinem Smartphone mit solchen Momenten gefüttert werden wollen.

Auf dem Handy eines Jugendlichen kann es wesentlich mehr Online-Dienste geben, die auf solche Selfie-Elemente warten: Instagram, Facebook, Snapchat, Reddit, Twitter, You-Now, Periscope, WhatsApp, Tinder oder Happn. Sie alle haben eigene Gesetzmäßigkeiten: Bei Instagram werden vor allem schöne Momente geteilt, gern mit einem Filtereffekt in dramatisches Licht gerückt. Auch Snapchat wartet auf Bilder und Videos, auf schräge Momentaufnahmen, ins Netz gestellt, um vergessen werden zu können. Alltäglichkeiten und Meinungen können ausführlich bei Facebook oder Reddit und in 140-Zeichen-Kurzform bei Twitter geteilt werden. Die Streamingdienste YouNow und Periscope machen den Nutzer zum Star seines eigenen Live-Programms. Bei den Dating-Apps Tinder oder Happn bringt das richtige Foto vielleicht die große Liebe. Und bei WhatsApp warten Familie, Freunde, Gleichgesinnte und Klassenkameraden, nur einen Wisch voneinander entfernt in unterschiedlichen Chats oder Gruppen aufgeteilt, auf ein passendes Lebenszeichen. Aber im Grunde geht es bei allen um das Gleiche: Anerkennung.

> Für das Selbstwertgefühl Jugendlicher spielt die vermeintliche digitale Anerkennung, die sie in Form des »Gefällt mir«-Herzchens oder -Daumens erhalten, eine zentrale Rolle.

Kein Wunder, dass »Gefällt mir« für viele Jugendliche die wichtigste digitale Währung ist – als Herzchen oder Daumen. Dafür gibt es sogar virtuelle Handelsplätze: Bei Facebook und Instagram kann man auf Add-Börsen sein Foto hochladen. Dann bekommt man von Fremden entweder blöde Sprüche oder ein »Gefällt mir«. Für letzteres muss man – so ist der Deal – die Sympathie-Münze zurückposten.

Auf die gleiche Weise kann man sich fremde Freunde und Follower »kaufen«. Auch bei der Streaming-Plattform YouNow halten Jugendliche oft ihre Instagram-Namen in die Webcam und bitten: »Folgt mir.« Bei Twitter heißt es regelmäßig: »Folge mir und ich folge dir.« Die Zahl der Anhänger ist vielleicht sogar noch wertvoller als die der Gefällt-mir-Herzchen. Niemand möchte in sozialen Netzwelten ein MoF sein, ein »Mensch ohne Freunde«.

»Herzen und Likes sammeln gehört heute zur Jugendkultur dazu«, sagte mir die Medien-Expertin Stefanie Rack von der EU-Initiative »klicksafe«. Über Sätze wie »Du bist schön« oder »Ich liebe dich«, die sich junge Mädchen oft gegenseitig schreiben, finden Jugendliche Bestätigung und Anerkennung.

Doch wie können Eltern in Zeiten von »Ich poste, also bin ich« dafür sorgen, dass der Grundsatz des Philosophen René Descartes – »Ich denke, also bin ich.« – nicht aus den Augen verloren wird?

»Kinder müssen sich in einem abgesteckten Rahmen ausprobieren können«, meint klicksafe-Referentin Rack. »Wichtig ist dabei, gleich am Anfang mit dem Kind zusammen klare Regeln aufzustellen. Auch, wenn das für die Eltern anstrengend sein kann.« Es sollte besprochen werden, welche Inhalte geteilt werden dürfen, wann das Kind die Eltern einschalten muss. Es muss lernen, Privateinstellungen zu benutzen, wie man jemanden blockieren oder melden kann. Es muss begreifen, dass keine Personen ohne Einwilligung gefilmt oder fotografiert werden sollen und keine Musik im Hintergrund laufen darf.

»Eine Möglichkeit, dem Kind die Regeln nahezubringen, ist die Was-Wäre-Wenn-Methode. Konkrete Situationen durchspielen und es überlegen lassen, welche Folgen die Postings oder Streamings haben könnten«, so die klicksafe-Referentin. Dazu gehört auch die Frage: Würdest du das Gleiche vor einer

Gruppe von Fremden erzählen oder zeigen? Denn die Intimität des Jugendzimmers ist eine Illusion, wenn man seine Gefühle im World Wide Web ausbreitet.

Diese Illusion der Privatheit kann fatale Folgen haben, denn die Herzchensammler können wie einst Rotkäppchen im Märchen immer tiefer in den digitalen Wald geraten, immer persönlicheres preisgeben, um einen besonders großen Strauß Anerkennung zu pflücken. Auch wenn die Mutter vorher eindringlich warnte: »Geh hübsch sittsam und komm nicht vom Wege ab.« Übertragen auf heute müsste die Warnung lauten: »Poste nicht deinen Namen, nicht die Adresse und nichts, was später einmal bei einem Vorstellungsgespräch peinlich sein

> Heute würde man
> Rotkäppchen warnen:
> »Poste nicht deinen Namen, nicht die
> Adresse und nichts, was später einmal bei
> einem Vorstellungsgespräch
> peinlich sein könnte.«

könnte.« Auf der Suche nach Herzen wird Rotkäppchen den Rat ihrer Mutter wie im Märchen verdrängen. Zumal ihr viele ihrer Freunde erzählen werden, wie cool es im Wald abseits der Wege ist. Wie viel Anerkennung, Lob, Selbstbestätigung und sogar Berühmtheit sich dort finden lassen.

Anders als im Märchen hat es der Wolf in der virtuellen

Welt nicht auf die Großmutter abgesehen. Er bleibt stattdessen dem Rotkäppchen auf der Spur, sammelt die Informationen, die es beiläufig fallen lässt, und setzt sie wie ein Puzzle zu einer realen Adresse zusammen. Oder er lockt es in eine Falle – mit Komplimenten, Beleidigungen oder Drohungen (weil es beispielsweise zu GEMA-geschützter Musik vor der Webcam tanzte).

Die Kanadierin Amanda Todd traf 2011 auf so einen Wolf. Wie viele junge Mädchen fühlte sie sich unverstanden, suchte im Internet nach Anerkennung und träumte davon, berühmt zu werden. Als Elfjährige hatte sich Amanda Todd eine Webcam gewünscht – die ihr die Mutter nicht geben wollte. Das Mädchen besorgte sie sich trotzdem – vom Vater. Der bekam dafür ihr Computer-Passwort und die Illusion, die Online-Aktivitäten seiner Tochter kontrollieren zu können. Doch Amanda surfte unter einem Pseudonym auf Livechat-Videoportalen wie YouNow. Dort wurde sie zum Star ihrer eigenen Show, sang vor Kamera oder erzählte Alltäglichkeiten. Ihre Schönheit, ihre Stimme, ihre Weiblichkeit wurden gelobt. Und einmal, in den Ferien, ließ sie sich dort überreden. In der scheinbaren Intimität ihres Jugendzimmers kam Amanda Todd dem Drängen nach und zog vor der Kamera ihr T-Shirt hoch. Doch einer der Chat-Partner war kein Freund, sondern eben der Wolf. Ein Cyber-Stalker. Er machte Screenshots, Bildschirmfotos des Moments. Dann erpresste er das Mädchen mit der Obenohne-Sequenz, schickte die Bilder an ihre Kontakte, Familie, Freunde, Schulkameraden und eine Pornoseite. Als Amanda nach den Ferien wieder in die Schule kam, war sie »Das Mädchen von den Nackt-Bildern«, Zielscheibe für Beleidigungen, Erniedrigungen und Mobbing. Online wie offline. Amanda wurde depressiv. Ihre Familie stand zu ihr, half ihr, die Schule ebenso zu wechseln wie die Internetprofile.

Doch der Wolf blieb ihr auf der Spur. Er schickte ihr eine neue Erpresser-Mail:»Ich will drei Shows von dir, dann verschwinde ich für immer.« Wieder leiteten die Eltern die Erpresser-Mail an die Polizei weiter. Die gab Amanda den Rat, sich nicht mehr online zu bewegen, alle Profile zu löschen. Doch die Pubertierende konnte sich nicht von ihrem virtuellen Ich trennen.»Als Eltern fühlt man sich da völlig hilflos«, erzählt Amandas Vater Norman in der CBC-Reportage *The Sextortion of Amanda Todd*.[60] Kurze Zeit später meldete der Wolf einen Facebook-Account als Austin Collins an, freundete sich mit Amandas neuen Klassenkameraden an, um dann ihr Nacktfoto als sein Profilbild einzustellen und dazu zu schreiben:»An über 280 Leute geschickt, genieße den Shitstorm«.

Amanda wehrte sich dort, wo alles begonnen hatte – im Internet. Sie bat ihre Mutter um dicke Filzstifte für ihr neues Projekt. Am 7. September 2012 lud Amanda Todd ein Video bei YouTube hoch, in dem sie handgeschriebene Zettel in die Kamera hält und so ihre Geschichte erzählt. Das Video endet mit dem Satz:»Ich habe niemanden, ich brauche jemanden. Mein Name ist Amanda Todd.« Einen Monat später nahm sie sich das Leben. Ihre Geschichte und ihr Video fanden weltweit Beachtung. Es gibt sogar einen Wikipedia-Eintrag über sie. Am Ende zahlte Amanda Todd mit ihrem Leben und wurde berühmt: Nicht, wie sie geträumt hatte, als Star. Sondern als Opfer von Cybermobbing!

Und der Wolf? Der streift vielleicht noch immer durchs Internet. Durchsucht Streaming-Plattformen und Internet-Profile nach jungen Mädchen, die für Aufmerksamkeit und den

Traum vom Ruhm einen Schritt zu weit gehen, eine Sequenz zu viel von sich preisgeben und so in seinen Fängen landen. Auch, weil der Wolf längst nicht nur in der Gestalt des älteren Pädophilen daherkommt, vor dem die Eltern warnen. Der Wolf kann genauso gut die ideale Projektionsfläche für jugendliche Träume sein: Schlank, jung, mit Augen wie Justin Bieber oder Taylor Swift. Cyber-Grooming wird das gezielte Ansprechen und sexuelle Belästigen von Minderjährigen im Internet genannt.

Rund ein Drittel der Tatverdächtigen sind unter 21 Jahre alt, schreibt Julia von Weiler, Vorstandsmitglied im Verein »Innocence in Danger«, in ihrem lesenswerten Buch *Im Netz: Kinder vor sexueller Gewalt schützen*.[61] Dort erklärt sie auch: »Der Großteil der Täter ist nicht primitiv. Im Gegenteil, ihr Vorgehen und ihre Planung sind gewieft.«[62] Sie geben ihren Opfern das Gefühl: Ich bin für dich da, ich verstehe dich, ich bewundere dich. Oder kommen mit der Model-Masche und versprechen, es groß rauszubringen. Verlockend, oder? Da misstrauisch zu werden und »Nein« zu sagen verlangt Rotkäppchen viel ab.

> Rotkäppchen muss die Regeln und besonderen Gefahren des virtuellen Waldes kennen, bevor es dort allein unterwegs sein darf.

Deshalb reicht es nicht, ein paar Verbotsschilder aufzustellen, ihm ein »Bleib immer schön auf dem Weg« in den Wald hinterherzurufen und sich gemütlich ins Haus zurückzuziehen. Bevor Rotkäppchen allein in den virtuellen Wald darf, muss es lernen, welche anderen Gesetzmäßigkeiten dort herrschen. Welche Dynamik ein geteilter Moment dort bekommen kann. Und es muss vorher begreifen, dass alles Schein sein kann – Schein, der trügt.

Dafür bietet sich zum Beispiel ein gemeinsamer Video-Abend an. Mit der CBC-Reportage über Amanda Todd. Oder dem US-Drama *Trust – Blindes Vertrauen*, in dem eine 14-Jährige im Chat einen tollen Jungen kennenlernt, der in Wahrheit ein Pädophiler ist. Sie vertraut ihm und bezahlt dafür mit ihrer Unschuld. Ein Film, der viel Gesprächsstoff bietet. Eltern können aber auch mit dem Kind gemeinsam ein Fake-Profil anlegen. Damit es sieht, wie einfach es ist, im Netz eine fremde Identität anzunehmen.

»Außerdem ist es wichtig, das Kind in der offline Welt zu verankern«, meint Medien-Expertin Stefanie Rack. Mit Sport, Musik, Hobbys und Wertschätzung das Selbstvertrauen und Selbstbewusstsein der Kinder zu stärken. Und unbedingt die ersten Schritte gemeinsam zu gehen.

Diana, Mutter von vier Kindern, hat ihren älteren Kindern deshalb erlaubt, mit neun und elf Jahren unter Fantasienamen ein Instagram-Profil zu eröffnen. Instagram deshalb, weil es der netteste und kuscheligste Social-Media-Dienst ist, bei dem es neben Herzchen vor allem um schöne Fotos geht. Als Regel wurde festgelegt, dass die Kinder keine Bilder von sich selbst, dem Zuhause oder den Geschwistern posten dürfen. Außerdem sind ihre Profile öffentlich, damit sie von Anbeginn ein

> Es ist wichtig,
> das Selbstvertrauen und
> Selbstbewusstsein der Kinder zu
> stärken und die ersten Schritte
> gemeinsam zu gehen.

Gefühl dafür bekommen, dass nichts im Internet privat ist. Sie sollen sich Gedanken darüber machen, ob sie ihren Post auch als Plakat ausgehängt in der Schule lesen wollen würden. Denn genau das bedeutet öffentlich. Und die Mutter hat die Accounts ihrer Kinder abonniert. So sieht sie, was online gestellt wird, kann mit ihnen darüber reden und notfalls gegensteuern. So wird gemeinsam eine Art »Innehalten«-Schalter kreiert, ein »Denke, bevor du postest.«

Die junge Amerikanerin Trisha Prabhu nennt es »ReThink«-Button. Sie war 13 Jahre alt, als sie begann, an dem gleichnamigen App-Programm zu arbeiten.

Auslöser war ein Artikel über das Schicksal der zwölfjährigen Rebecca Sedwick aus Florida. Anders als Amanda Todd hatte Rebecca keinen Fehler gemacht, gab es keinen bösen Wolf. Nur die falschen Freundinnen, Katelyn (12) und Guadalupe (14). Nach einem vorpubertären Streit schickten sie Rebecca auf allen Kanälen bösartige und verletzende Kommentare, von »Du bist hässlich« bis »Warum bringst du dich nicht um?«. Über Tage, Wochen, Monate. Und es wurden immer mehr Mädchen, die sich an diesem Shitstorm beteiligten. Von bis zu

15 »Freundinnen« bekam die Zwölfjährige Beschimpfungen getextet. Offen, anonym, auf verschiedenen Plattformen. Ein Orts- und Schulwechsel ließ die Hasstiraden nicht abreißen. Am 9. September 2013 schrieb Rebecca zwei Freunden als letzte Botschaft: »Ich kann es nicht mehr ertragen« und sprang von einem Turm in den Tod.

Als Trisha Prabhu davon las, war sie geschockt. Und überlegte, wie sie solche Spiralen aufhalten könnte. Die damals 13-Jährige programmierte eine englischsprachige App, die nach Schlüsselwörtern und Beleidigungen sucht, während jemand schreibt. Wird sie fündig, blendet sich vor dem Senden ein Fenster ein: »Diese Nachricht könnte jemand anderen verletzen. Bist du sicher, dass du diese Nachricht abschicken willst?« Danach muss derjenige »Ja« drücken, und erst dann wird die Nachricht verschickt oder gepostet. Laut Trisha, die ihre App sogar im Weißen Haus vorstellte, funktioniert dieser erzwungene Moment des Innehaltens. 93 Prozent der Jugendlichen würden ihre Nachricht überdenken und nicht verschicken.

Denn genauso schnell wie Jugendliche zum Opfer von Lügen, Hetze und Schikanen werden können, können sie auch zum Täter werden. Vielleicht sogar noch leichter. In Deutschland werden die meisten Fälle von Cybermobbing bei Jugendlichen im Alter zwischen 12 und 15 Jahren registriert. Als das »Bündnis gegen Cybermobbing« Schüler und Schülerinnen dazu befragte, sagten 19 Prozent, dass sie selbst in Chat-Rooms oder sozialen Netzwerken andere gemobbt haben. »Die Anzahl der selbst eingestandenen Täterschaft (19,1%) ist höher als die der Opfer (16,6%).«[63] Die Hälfte der Täter und Täterinnen gab als Motive »Langeweile« oder »nur zum Spaß« an, 36 Prozent

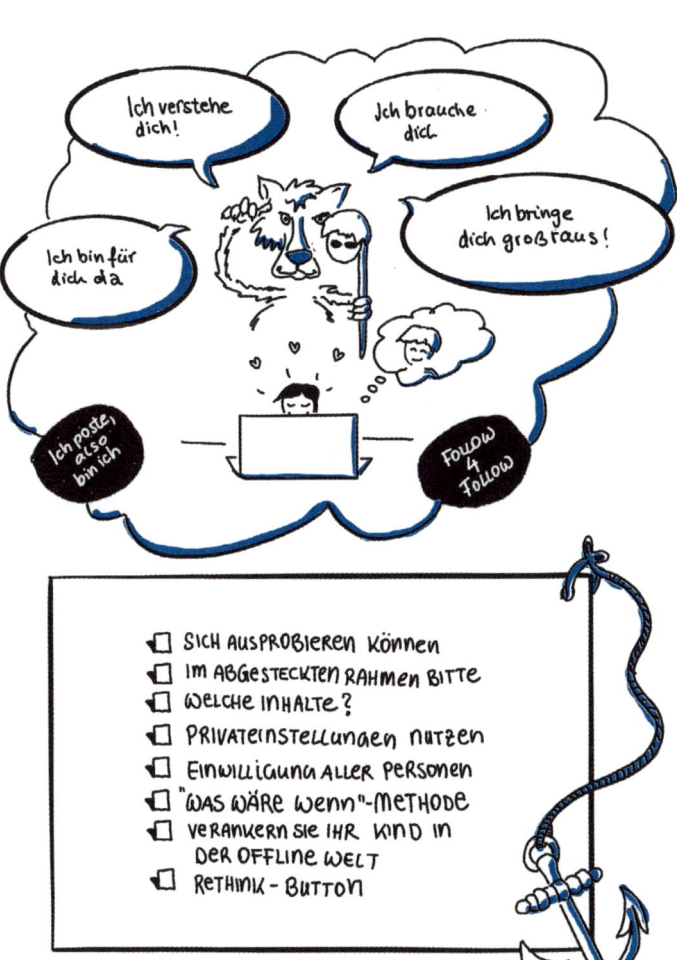

der Befragten nannten als Beweggrund »weil es andere auch machen«. Oft richten sich die Online-Attacken gegen Jugendliche aus dem sozialen Umfeld der Schule.

Hetze, Beleidigungen und Schikane auf dem Schulhof gab es schon zu rein analogen Zeiten. Mobbing ist also kein neues Phänomen. Aber: »Vor 10 oder 20 Jahren hatte man beim Mobbing in der Schule noch die Möglichkeit, zu Hause abzuschalten. Das ist heute anders«, meint Adrian Jagusch, der für die Internetseite *Juuuport*[64] arbeitet, eine Selbstschutz-Plattform von Jugendlichen für Jugendliche. An ihn und seine Mitstreiter können Schüler schreiben, wenn sie auf Fragen wie »Was kann ich tun? Ich werde jeden Tag bei WhatsApp in meiner Klassengruppe gemobbt« oder »Mein Facebook-Profil wurde gehackt. Was muss ich machen?« keine Antwort finden. 20 sogenannte Scouts beantworten bei *Juuuport* Mailanfragen. »Alle Scouts werden von Experten in den Bereichen Recht, Internet und Psychologie geschult«, erklärt mir Juuuport-Scout Adrian Jagusch am Rande der 3. Netzwerktagung Medienkompetenz in Halle / Saale. Die Ratgeber der Kummerkästen des digitalen Zeitalters sind zwischen 15 und 21 Jahre alt, kommen aus ganz Deutschland und arbeiten ehrenamtlich vom heimischen Computer aus. Jugendliche können ihnen per Mail von ihren Sorgen berichten und bekommen eine persönliche, kostenlose Online-Beratung. Peer-to-Peer (vom Englischen peer »gleichgestellt«, »ebenbürtig«) heißt diese Form der Hilfestellung. Deren Vorteil liegt für Adrian Jagusch klar auf der Hand: »Wir haben die gleichen Lebenswelten und verstehen die Betroffenen. Wir kommen nicht mit Internetverboten oder erhobenem Zeigefinger daher.« Die Scouts bieten neben Verständnis auch konkrete Tipps. Sie helfen beim Melden oder Löschen und raten, wie man sich bei Eltern, Lehrern oder Beratungsstellen Hilfe holt. »Ganz harte Fälle wie Suizidankündigungen leiten wir an unseren Psychologen weiter.« Wenn jemand lieber reden statt mailen will, wird er an die kostenlose Beratungshotline »Nummer gegen Kummer« weiter vermittelt.[65] Während *Juuuport* sich ausschließlich an Jugendliche richtet, können bei der *nummergegenkummer.de* auch Eltern ihre Fragen und Sorgen loswerden.

> Wann kann mein Kind auf eigene Faust den ersten Ausflug in den virtuellen Wald unternehmen? Das müssen Eltern für sich selbst beantworten.

Eine Frage allerdings müssen Eltern allein beantworten: Wann ist mein Kind vorbereitet für den ersten unbegleiteten Ausflug in den virtuellen Wald?

Anders formuliert: Wann ist der »Innehalte«-Schalter so gesichert, dass er nicht als zusätzliche App installiert werden muss? Die Schaltkreise dafür kann man schon früh und rein analog legen. Auch kleine Kinder verstehen, dass Worte verletzen können.

Sie müssen nur noch lernen, dass sich diese Wirkung in der digitalen Welt verstärkt. Weil die bösen Worte eben nicht verfliegen, sondern für viele sichtbar in die Ewigkeit zementiert sind. Auf virtuellen Profilen oder in Chatgruppen, wo sie reale Menschen verletzen, egal, ob sie anonym oder unter Klarnamen geschrieben wurden.

Auch kleine Kinder können lernen, für ihre Worte Verantwortung zu übernehmen und sich zu entschuldigen, wenn sie andere damit verletzen. Sie müssen dann nur noch begreifen, dass Worte in der virtuellen Welt schneller zu Missverständnissen und Verletzungen führen können, weil dort Gestik und Mimik fehlen. Dass es aus diesem Grund umso wichtiger ist, die Verantwortung zu übernehmen und sich zu entschuldigen.

Um Heranwachsenden das alles begreiflich zu machen, hilft schon ein gemeinsamer Nachmittag bei YouTube. Unter dem Suchwort »Cybermobbing« finden sich viele Reportagen oder Kurzfilme zu dem Thema. Einige davon, wie *Nackt im Netz – ein Film über Cybermobbing*[66], wurden im Rahmen von Projekttagen von Schülern gedreht. Diese Schülerfilme bieten neben Gesprächsstoff auch für Eltern spannende Einblicke in den Kosmos der »Digital Natives«, die sich mit Smartphones durch die wohl anstrengendste Phase ihres Lebens navigieren müssen: die Pubertät.

 # Klick-Tipps

www.klicksafe.de/themen/kommunizieren/cyber-mobbing – Zahlen, Fakten und Ratschläge zum Thema Cybermobbing.

www.polizei-beratung.de/themen-und-tipps/gefahren-im-internet/cybermobbing.html – Tipps und Infos der Polizeilichen Kriminalprävention zum Thema Cybermobbing.

www.nummergegenkummer.de – Beratungsangebot für Kinder, Jugendliche und Eltern.

www.juuuport.de – Jugendliche helfen Jugendlichen bei Fragen und Problemen rund ums Internet.

www.buendnis-gegen-cybermobbing.de – Bündnis gegen Cybermobbing.

www.innocenceindanger.de/hilfehotlines – Hilfsangebote und Linksammlung mit Online-Meldestellen, um Verstöße im Netz zu melden.

www.youtube.com/watch?v=AuocemUHTGA – Das Abschieds-Video von Amanda Todd mit deutschen Untertiteln.

13 Spiele, die virtuellen Vergnügungsparks

Manchmal erzählt Maria mir abends von ihren Abenteuern. Von Verstecken und selbstgebauten Unterschlupfen, von Tieren, um die sie sich kümmerte oder von Monstern, die sie jagten. Manchmal stehen ihre Häuser, gebaut aus Sand und Fantasie, auf dem Schulhof, sind die Pferde und Monster ihre Klassenkameraden. Manchmal wurden die Bauwerke in einer virtuellen Stadt errichtet oder die Tiere als klötzchenförmige Wesen im Spiel *Minecraft* geboren. In ihrer Erzählung sind analoge und digitale Erlebnisse ähnlich aufregend und kaum voneinander zu unterscheiden.

»Kinder haben ein Recht auf Zeit zum Spielen«[67] – so lautet ein Slogan der bundesweiten Kampagne für Kinderrechte. Ein Satz, den sicher alle Eltern unterschreiben – wenn sie den Spielplatz bestimmen können!

Sobald der Nachwuchs am Computer, im Internet oder an der Konsole toben will, wird die Spielzeit jedoch plötzlich vor allem als Gefahr gesehen: Das Kind könnte verrohen, vereinsamen, süchtig oder dick werden. Die Ängste füllen ganze Bücher, und sie sind nicht unbegründet. Genauso wenig wie die Furcht, dass ein Kind von der Schaukel fallen und sich verletzen könnte. In der analogen Welt überwinden Eltern diese Ängste und helfen dem Nachwuchs, auf der Schaukel aus eigener Kraft dem Himmel ein Stück näher zu kommen.

Warum nicht auch auf den Pixel-Spielwiesen?

Kinder haben ein Recht
zu spielen.
Fragt sich nur, wo.

Den offiziellen Stempel »bedenklich« bekamen digitale Spiele in der BRD 1984 aufgedrückt: Mit einer Ergänzung im Jugendschutzgesetz wurde generell verboten, Videospielautomaten in der Öffentlichkeit aufzustellen. »Fortan wurden sie zusammen mit Geldspielautomaten nur noch in für Jugendliche unzugänglichen Räumen zugelassen.«[68] So gelangte auch der kreisrunde gelbe Geister-Fresser Pac-Man in die Ecke »jugendgefährdend.«

Seit dem Amoklauf zweier US-Teenager 1999 an der Columbine High School klebt an PC-Games auch noch der Ruf der »Killerspiele«. Als könnte mit sogenannten Ego-Shooter-Games die Menschlichkeit abtrainiert werden. »Killerspiele«-Kritiker kämpften Anfang des Jahrtausends erbittert dafür, das prominente Spiel *Counter-Strike* in Deutschland auf den Index setzen zu lassen. Die Bundesprüfstelle entschied dagegen. Unter anderem hieß es in der Begründung: »Bei der überwiegenden Anzahl älterer Jugendlicher sollte angenommen werden, dass sie bereits über ein gefestigtes Normen- und Wertesystem verfügen, und sehr wohl zwischen Realität und Spiel differenzieren können.«[69] Die Behörde traute den Jugendlichen damit mehr Urteilsvermögen zu als manche Eltern.

Wir haben oft auch Angst, dass die virtuellen Spielwiesen süchtig machen könnten. Sind sie doch mit »Computerspiel- und Internetabhängigkeit« als eigene Rubrik im Drogen- und Suchtbericht der Bundesregierung aufgelistet. »Auffällig ist, dass Internetsucht kein Problem bestimmter gesellschaftlicher Schichten zu sein scheint, sondern vielmehr in allen sozialen Gruppen vorkommt«, heißt es dort.[70] Und: »Der größte Teil der Jugendlichen und jungen Erwachsenen zeigt im Umgang mit Computerspielen und dem Internet keine Verhaltensprobleme.« Weniger als drei Prozent der 12- bis 25-Jährigen seien exzessive Internetnutzer oder exzessive Computerspieler. Als abhängig gelte, wer täglich 375 Minuten vor dem Rechner sitzt und dafür sein soziales Leben – Hobbys, Freunde, Ausbildung – vernachlässigt, um zu daddeln.

Vor diesem Angst-Panorama werden bei der Risikobewertung vor allem die Gefahren gesehen. Jedenfalls, wenn Eltern nicht selbst auf digitalen Spielplätzen herumgestromert sind und eigene Erfahrungen gesammelt haben. Oft fällt kaum ins Gewicht, dass virtuelle genau wie analoge Spiele auch Spaß machen und die persönliche Entwicklung fördern können.

»Eigentlich sind Games ideale Welten. Es gibt keine Stigmatisierung. Alle Spieler haben am Anfang die gleichen Chancen. Wie weit man kommt, hängt von der eigenen Geschicklichkeit ab«, erklärt Andreas Lange, der 1997 in Berlin das weltweit erste Museum zur Kultur und Geschichte von Computerspielen eröffnete. »Sie bieten erreichbare Herausforderungen. Man kann sich messen, Lösungsstrategien entwickeln und kreativ werden.«

Mit dem Siegeszug des Touchscreens wurden Computerspiele endgültig aus der Nerd-Ecke in den Alltag katapultiert.

> Wie analoge Spiele
> machen virtuelle Spiele viel Spaß;
> dass auch die persönliche Entwicklung
> von ihnen profitieren kann, wird oft
> nicht beachtet.

Ob die Eltern wollen oder nicht: Die digitale Schaukel gehört heute für Kinder genauso zur Realität wie die Gummihopse oder der Fußball auf dem Schulhof. Knapp sieben von zehn Jugendlichen spielen täglich oder mehrmals in der Woche an Computer oder Konsole.[71] Verbote, egal wie gut sie gemeint sind, können umgangen werden: heimlich oder bei Freunden. Bei einer Umfrage unter Jugendlichen zwischen 10 und 18 Jahren sagte jeder vierte, dass er ab und an ohne das Wissen seiner Eltern spiele.[72] 64 Prozent der Jungen und 27 Prozent der Mädchen gaben auch an, dass sie schon in virtuellen Welten unterwegs waren, die nicht für ihr Alter freigegeben sind.

Wie gespalten Eltern beim Thema Computerspiele sind, wurde mir beim Treffen mit einer befreundeten Mutter einmal mehr klar. Sie klagte darüber, dass ihr zwölfjähriger Sohn zu Hause dauernd vor dem Computer sitzen und daddeln würde. Auf meine Nachfrage, was er genau spiele, meinte sie »Irgendwas mit Kämpfen!« Und, so erzählte sie, es gebe ständig Streit, weil er nach der vereinbarten Stunde kein Ende fände. Dann musste ich unsere Unterhaltung kurz unterbrechen, um auf die Toilette zu gehen.

Als ich zurückkam, saß sie auf der Terrasse des Cafés über ihr Smartphone gebeugt und ließ auf dem Bildschirm farbige Kugeln platzen. »Du spielst ja auch«, meinte ich überrascht. Sie erklärte mir wortreich, dass *Candy Crush* etwas völlig anderes sei, weil es ihr helfe, abzuschalten und zu entspannen. Außerdem könne sie das Spiel jederzeit abbrechen. Meine Entgegnung: »Vielleicht spielt dein Sohn aus den gleichen Gründen. Nur, dass er nicht so einfach aufhören kann, weil sich andere Mitspieler auf ihn verlassen«, verblüffte sie.

Ich versuchte, ihr einen groben Überblick über die wichtigsten virtuellen Spielformen und ihre Eigenheiten zu geben:

Da gibt es das digitale Sandspielzeug. Dazu gehören Geschicklichkeitsspiele wie *Angry Birds*, Match-Spiele wie *Candy Crush* – bei denen gleichfarbige Gegenstände in eine Reihe gebracht werden müssen, um zu verschwinden –, Karten-, Denk-, Puzzle- oder Quizspiele. Diesen Casual Games genannten Zeitvertreib zeichnet aus, dass er wie eine Buddelform funktioniert. Sand rein, umgedreht – und sofort wird man mit einem Ergebnis belohnt. Wie auf dem Spielplatz kann ein Kind damit schnell aufhören, wenn Mama ruft: »Die Zeit ist um!«

Schwieriger wird das schon, wenn man im virtuellen Sandkasten ohne Formen spielen und Paläste bauen kann. Dazu zählen Open-World-Spiele wie das Klötzchenuniversum von *Minecraft*, Wirtschafts-Simulationen wie *Anno 1404*, Fantasie-Reiche wie *Legend of Zelda*. In der Rolle einer digitalen Spielefigur – auch Avatar genannt – kann man endlos neue Abenteuer er- und überleben, Welten und Schicksale kreieren, sich eigene Herausforderungen suchen und sogar über Server oder den Mehrspielermodus Freunde zum Mitmachen einladen. Und wenn man dann gemeinsam tobt, ist es schwer, alles stehen und liegen zu lassen, nur weil Mama ruft: »Essen ist fertig.«

Bei Action-, Sport-, Renn- und Kampfspielen, wie *Call of Duty*, *FIFA*, *Rocket League* und *Street Fighter* hat man weniger kreative Gestaltungsfreiheit als im Open-World-Sandkasten, dafür aber mehr klare Ziele. Der virtuelle Wettlauf ums Gewinnen und Überleben ist schwer abzubremsen. Wer sich wie Ronaldo vor dem entscheidenden Elfmeter fühlt, verspürt weder Hunger noch Lust auf Hausaufgaben. Erst recht nicht, wenn er im Online-Modus spielt und sein Schulkumpel im Tor steht.

> Die virtuellen Spielplätze bieten immer Abwechslung und Herausforderung — und das bei überschaubarem Risiko.

All diese virtuellen Spielplätze sind eine permanente binäre Verlockung, mit klar definiertem Gut und Böse. Mit Sieg und Niederlage. Wobei jede verlorene Mission so oft wiederholt werden kann, bis sie zum Sieg und dem Einzug ins nächste Level führt. Was fehlt, kann man sich meist dazukaufen, als Zauberkraft, Waffe oder Zeitersparnis. Und das alles in fantastischen Umgebungen, deren Entwicklung manchmal mehr Millionen verschlingt als ein Hollywood-Blockbuster. Auf diesen virtuellen

Spielplätzen gibt es keinen Alltag. Nur Abenteuer – mit kalkulierbarem Risiko.

All diese virtuellen Welten haben aber auch gemeinsam, dass sie einfrieren und erstarren, wenn der Spieler und seine Freunde das Feld verlassen. Theoretisch kann man später genau dort weitermachen, wo man aufgehört hat. Egal ob am nächsten Tag, in der nächsten Woche oder im nächsten Monat.

Als Fünfjährige durfte Maria vor allem Casual Games spielen. Mit klarer Zeitvorgabe. Wenn sie auf die virtuelle Schaukel wollte, stellten wir den Wecker im Tablet oder im Smartphone, und wenn es klingelte, durfte sie das Level noch beenden und musste dann aufhören. Das klappte ziemlich gut.

Mit sieben wünschte sich Maria ein »Kümmer-Spiel«. Einen Ponyhof oder so. Der Zufall wollte es, dass uns ein Freund besuchen kam und ihr auf seinem Tablet ein Lieblingsspiel seines Sohnes zeigte: *SimCity Buildit*. Ein Open-World-Sandkasten, in dem man als Bürgermeister seine eigene Stadt bauen kann. Es gibt zwar unterschiedliche Levels, aber im Prinzip kann endlos gespielt werden. Am nächsten Tag hatte Maria ihren Papa dazu gebracht, das Spiel auf seinem Tablet zu installieren. Als ich abends nach Hause kam, baute Maria dort in ihrer eigenen Stadt Häuser und Straßen, ließ in Fabriken Holz und Eisen produzieren. Sie zeigte mir stolz »ihre Stadt« und unser Haus darin, ihre Fabriken, ihre Straßen, ihre Hochhäuser, ihren Hafen und ihr Handelszentrum. Geduldig erzählte sie mir, wie sie die produzierten Nägel, Hölzer und andere Waren ihrer Fabriken zum Verkauf oder für die Baustellen nutzen konnte, um ihre Stadt zu vergrößern und ins nächste Level zu kommen. Anfangs erschien mir das ganze doch eher langweilig. Doch bald saß ich abends manchmal mit dem Tablet auf den Knien, bestückte heimlich Fabriken, belud Containerschiffe oder produzierte Nägel. Dabei fiel mir auf, dass eine halbe Stunde eigentlich zu kurz ist, um strategisch klug vorzugehen.

Deshalb setzten wir uns alle zusammen. Wir sprachen wieder einmal über die Risiken von zu langem Computerspielen und davon, dass wir Maria inzwischen zutrauen würden, sich ihre Zeit selbst einzuteilen. Denn sie wollte höchstens ein- oder zweimal in der Woche auf den virtuellen Spielplatz, bastelte immer noch gern analog und konnte sich auch ohne Tablet hervorragend beschäftigen. Deshalb rissen wir die Zeitschranke ein.

Seitdem hat Maria zwar den Sandkasten gewechselt – sie spielt jetzt lieber *Minecraft* –, aber ihr Gefühl für Zeit ist geblieben. Nach ungefähr einer Stunde legt sie das Tablet aus der Hand und meint dann, sie hätte genug gespielt.

So ein Zeittraining zur Selbstkontrolle halte ich für extrem wichtig, bevor Kinder den nächst größeren digitalen Spielplatz betreten dürfen: Denn bei Massively Multiplayer Online Games (MMOGs) friert die Welt nicht ein. Sie sind wie riesige virtuelle Themenparks, in die Spieler und Spielerinnen aus aller Welt strömen und in denen die Zeit NIE stillsteht. In einigen von ihnen kann man Kinofilme weiter erleben, wie bei *Herr der Ringe*, in anderen, wie *Battlefield*, kann man als Soldat kämpfen.

Der beliebteste dieser digitalen Rund-um-die-Uhr-Themenparks ist *World of Warcraft* (WoW). Einlass gibt es offiziell schon ab zwölf Jahren. Man bekommt am Eingang eine kurze Einweisung, kann virtuell in die Haut einer Fantasie-Gestalt schlüpfen, die nach Charakter und Zauberkräften ausgesucht wird. Von Kriegern über Elfen bis zu Fabelwesen ist für jeden etwas dabei und bis zu einem bestimmten Level kann gratis gespielt werden.

»Diese Multiplayerspiele werden durch die menschlichen Mitspieler viel komplexer. Es geht nicht um den Sieg über einen Endgegner, sondern um das ständige Wachsen der eigenen Kräfte und Fähigkeiten. Man übernimmt Verantwortung, interagiert sozial und bekommt eine stärkere Bindung«, erklärt Computerspiele-Museumsdirektor Andreas Lange. Diese Welt kann Jungen wie Mädchen gleichermaßen faszinieren.

Es gibt einige Ecken im WoW-Park, die sich alleine entdecken lassen. Für die wirklich spannenden Abenteuer aber braucht man Verbündete aus dem gleichen Volk. Diese kommunizieren via Chat miteinander, arbeiten zusammen – und können gleichzeitig in den verschiedensten Ecken der realen Welt wohnen. Ein gemeinsamer Kampf benötigt eine Verabredung, die zeitzonenübergreifend sein kann, und je nach Schwierigkeitsgrad eine bestimmte Anzahl von Alliierten. Teams mit Ambitionen kommunizieren sogar über Teamspeak, eine Art virtuelle Telefonkonferenz. So bekommen die digitalen Verbündeten auch reale Namen und Stimmen, können echte Kumpels werden. Ein elterliches »Du darfst heute aber nicht spielen« kann im WoW-Park dazu führen, dass weltweit Mitspieler umsonst auf ihren Spielpartner warten. Freunde macht man sich damit nicht.

Die Chatfunktion kann es übrigens auch mit sich bringen, dass ein Teenager aus der WoW-Welt mit Begriffen zurückkommt, die man eher auf Porno-Seiten findet. Für einige Pubertierende ist es amüsant, sich in Chats einzuklinken, Dinge wie »Blowjob« zu schreiben, und junge Spieler verwirrt zurückzulassen.

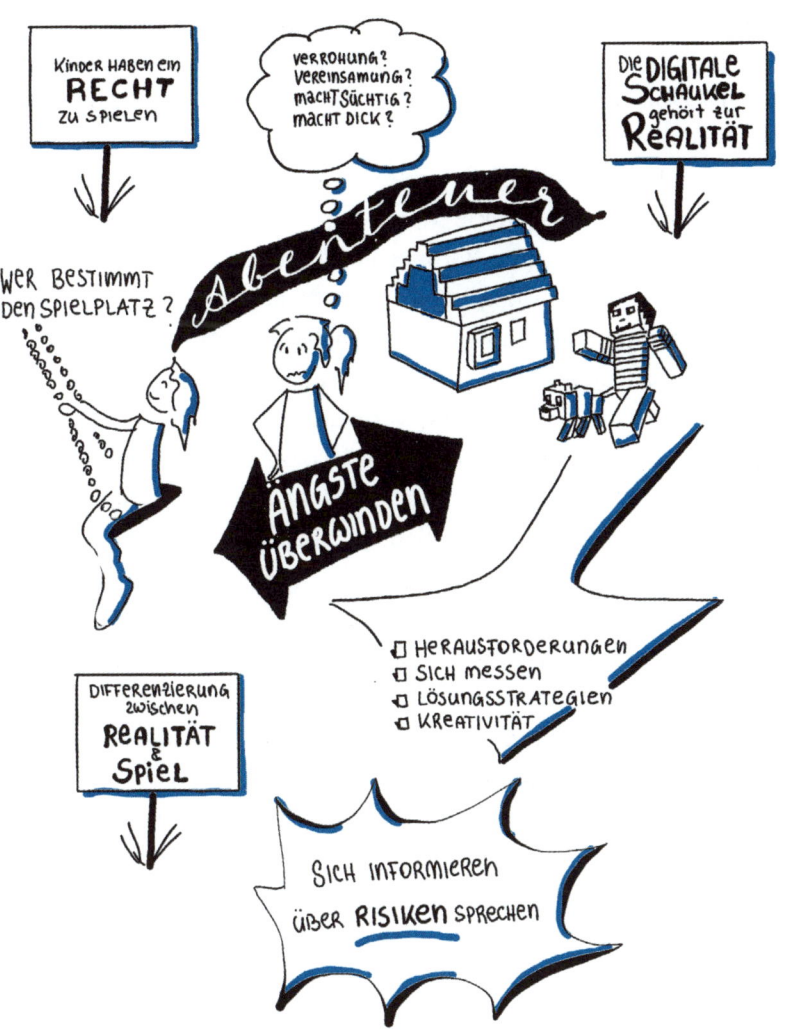

Verwirrend für Eltern dagegen ist, wenn das Kind zum virtuellen Spielplatz wirklich vor die Haustür gehen muss. Natürlich mit dem Smartphone in der Hand. Dieser Spiele-Trend nennt sich Augmented Reality, übersetzt: erweiterte Realität. »Eine Technologie, die die reale Alltagswelt einbezieht und ihr digitale Elemente hinzufügt. Die natürliche Wahrnehmung wird dann beispielsweise durch Sound, Text oder ein Bild überlagert.«[73] Per App taucht man die reale Welt in spielerische Gefahren. Bei *Ingress* beispielsweise verabreden sich Spieler, um gemeinsam gegen dunkle Materie zu kämpfen, die sich über Wahrzeichen wie dem Berliner Fernsehturm einen Weg auf das Smartphone-Display bricht. Beim Handy-Spiel *Pokémon Go* kann man in realer Umgebung virtuelle Taschenmonster fangen, trainieren und gegeneinander antreten lassen.

Aber was ist das schon im Vergleich mit den Attraktionen im neuen Mega-Vergnügungspark, an dem mit Hochdruck gebaut wird? VR – Virtual Reality – lässt die Spieler mit dem Gesicht in die Pixelwelt eintauchen, die über eine VR-Brille direkt vor die Augen projiziert wird. Noch weiß niemand, welche Auswirkungen diese Technik haben wird. »Was jetzt läuft, ist wie ein gigantischer Massenversuch. Denn es kann sein, dass das völlige Eintauchen und die Identifikation mit Avataren das Ichgefühl verändert«, meint der Philosoph Thomas Metzinger.[74] »Es könnte etwa sein, dass Menschen, wenn sie länger in virtuellen Realitäten sind, hinterher Depersonalisierungsstörungen bekommen – das chronische Gefühl, dass ihr eigener Körper in der normalen Welt nicht wirklich ist.« Auch diese Möglichkeiten trägt jeder bald in seiner Tasche herum: Mit dem passenden Gestell wird das Smartphone mit ein paar Handgriffen zur VR-Brille.

Neben den technischen Möglichkeiten wächst auch die Zahl der digitalen Spielplätze fast täglich. Im Juli 2009 gab es im App-Store 65 000 Angebote, sechs Jahre später waren es schon 1,5 Millionen Apps, davon fast 400 000 Games.[75] Der *spieleratgeber-nrw.de* versucht angesichts des schier unüberschaubaren Angebots den Überblick zu behalten. Wenn Eltern unsicher sind oder nach altersgerechten Tobeplätzen suchen, werden sie dort fündig. Der Ratgeber bietet Spielebeschreibungen von jugendlichen Testern und medienpädagogische Bewertungen, um zwischen Spaß- und Risikofaktor abwägen zu können.

> Eltern fällt es leichter, sinnvolle Regeln für den Umgang mit digitalen Spielwelten zu finden, wenn sie diese selbst einmal ausprobiert haben.

Und wenn Eltern Verständnis für die Eigenheiten und Faszination des virtuellen Spielplatzes haben, wird es einfacher, passende Regeln dafür zu finden.

Die Mutter aus dem Café erzählte mir bei unserer nächsten Begegnung, dass sie mit ihrem Sohn geredet hätte. Er spiele das Revolutions-Abenteuer *Assassin's Creed III*. In der Rolle des Halbindianers Connor konnte er dort im Amerikanischen Unabhängigkeitskrieg mitkämpfen, George Washington und Thomas Jefferson begegnen. Eigentlich ist dieser Nervenkitzel erst ab 16 Jahren freigegeben. Ein Verbot aber wäre gleichbedeutend damit, ein Schwert in die Mutter-Sohn-Beziehung zu stoßen. Stattdessen ließ sie sich die unterschiedlichen Spiel-Missionen erklären, und am Ende vereinbarte sie mit ihrem Sohn, dass er nur noch zum Wochenende in die Rolle des geheimnisvollen Rächers schlüpfen sollte, dann aber seine angesammelte Zeit am Stück abspielen durfte, ohne dass sie ihn stören würde.

Eine andere Freundin schenkte ihrem Sohn zum 10. Geburtstag einen eigenen Rechner und erlaubte ihm, dass er jeden Tag eine Stunde in seinem Zimmer in der Klötzchenwelt von *Minecraft* bauen darf – mit einem altmodischen Wecker neben dem PC, damit er sieht, wie die Zeiger vorrücken und ein Gefühl für Zeit bekommt. Seitdem ist er wieder häufiger zu Hause, weil er nicht mehr so oft bei Freunden daddeln geht. Und er sieht kein Fernsehen mehr, weil er zum »Abschalten« lieber spielt. Außerdem unternehmen Mutter und Sohn viel mehr gemeinsam. Weil sie intuitiv darauf achtet, dass er sich auch analog austobt.

Bei einer anderen Freundin passierte quasi das Gegenteil. Sie steckte in einer schwierigen persönlichen Phase, als sie für ihre achtjährige Tochter ein neues Spiel auf dem Tablet installierte: Ein virtuelles Gestüt von *Horse Haven World Adventures*. Dort kann man reiten, muss aber auch ausmisten, Futter anbauen, Pferde pflegen und die Besonderheiten der einzelnen Rassen bedenken. Ihre Tochter mochte das Spiel, meine Freundin aber nahm es gefangen. Plötzlich war sie es, die noch schnell ernten oder Turniere reiten musste und sich so von Level zu Level vorübergehend aus ihren realen Problemen ausklinken konnte. Es war die Tochter, nicht die Mutter, die immer mal wieder sagte: Leg das Tablet weg.

Durch diese Spiegelung schlüpften beide für Momente in die Rolle des anderen. Als nach ein paar Wochen die persönliche Krise abebbte und das virtuelle Leben auf dem Ponyhof an Bedeutung verlor, hatten beide etwas gewonnen: Verständnis. Meine Freundin dafür, dass ihre Tochter manchmal die Zeit aus den Augen verliert. Und die Tochter für das Drängen, zum Ende zu kommen.

Auf einen Perspektivwechsel setzten auch Spieleentwickler, die Empathie fördern wollen. Bei dem Online-Spiel *Last Exit-Flucht*[76] beispielsweise schlüpfen Jugendliche in die Rolle eines politisch Verfolgten, müssen nach einem Verhör fliehen, um zu überleben. Im App-Spiel *The Unstoppables* können Grundschüler spielerisch lernen, sich gegenseitig zu helfen. In den Rollen der kleinen Mai, des langsamen Jan, der blinden Melissa und des im Rollstuhl sitzenden Achim wird Melissas entführter Blindenhund befreit.

»Games bieten Kindern und Jugendlichen neben Spaß auch die Möglichkeit, ihr Verhalten zu reflektieren, sich in die Rolle des Gegenübers hineinzuversetzen oder moralische Entscheidungen zu hinterfragen«, erklärt Denise Gühnemann, die am Institut für Medienforschung und Medienpädagogik der TH Köln am Projekt »Ethik & Games« beteiligt ist. Nicht von ungefähr seien Computerspiele seit 2009 ein vom Deutschen Kulturrat anerkanntes Kulturgut, vergibt eine Jury aus Spiele-Experten und Medienpädagogen seitdem jedes Jahr den »Computerspielepreis« an die besten Produktionen aus Deutschland.[77]

So kann man seinen Nachwuchs auch auf ausgezeichnete Spielplätze schicken. Oder noch besser: Begleiten! Wer selbst versucht hat, auf der virtuellen Schaukel dem Himmel ein Stück näher zu kommen, der wird verstehen, wie viel Energie man dafür braucht, welchen Spaß es macht – und wie weh es tut, wenn man herunterfällt.

Maria war einmal völlig verzweifelt, weil der Server ihrer Minecraft-Welt abgestürzt war und alle ihre Bauwerke mit sich gerissen hatte. Die digitale Bastelarbeit von Tagen hatte sich einfach im Nichts aufgelöst. Sie weinte. Ich konnte ihren Verlust und ihren Schmerz verstehen, sie ganz analog in den Arm nehmen und trösten.

 **Klick-Tipps**

www.spieleratgeber-nrw.de – Hält für Eltern und Pädagogen einen *Überblick* zu Computer- und Konsolenspielen sowie Apps bereit.

www.usk.de – Die Unterhaltungssoftware Selbstkontrolle vergibt und listet Alterskennzeichen für Spiele & Co.

www.spielbar.de – Spielebewertungen, Workshops und Info-Broschüren zu Games.

www.computerspielemuseum.de – Internetseite des Berliner Computerspielemuseums.

http://deutscher-computerspielpreis.de – Der Deutsche Computerspielpreis zeichnet Spieleproduktionen aus Deutschland aus.

14 Mädchen sind anders, Jungs auch?

Männer und Frauen sind nicht gleich. Lange Zeit war das sogar gesetzlich festgeschrieben: Bis 1957 gab es den Gehorsamkeitsparagraf, der dem Mann »die Entscheidung in allen das gemeinschaftliche eheliche Leben betreffenden Angelegenheiten« zusprach, bis 1977 schrieb der Paragraf 1356 fest, dass Frauen nur arbeiten dürfen, »soweit dies mit ihren Pflichten in Ehe und Familie vereinbar ist.« Bis 1969 war homosexuelle Liebe in der Bundesrepublik eine Straftat.

Maria ahnt von alledem nichts. Seit sie denken kann, ist eine Frau »Chefin von Deutschland«. In der Kita hatte sie weibliche und männliche Erzieher. Und dass ein Mann, der Männer liebt, sich mit Bart und Kleid an die Spitze Europas singt, ist für sie keine Überraschung. Sie weiß, dass Liebe an den Menschen gebunden ist, nicht an sein Geschlecht. Dass Mutti und Vati sich mit dem Zu-Hause-Bleiben und Arbeiten abwechseln, gehörte nicht nur in der Elternzeit zu ihrem Familien-Alltag.

Zeitgleich ist sie eingekreist von Klischees. Topmodel-Shampoo für Mädchen und Star-Wars-Duschgel für Jungs, auch das ist für sie normal. Im Buch *Die Rosa-Hellblau-Falle*[78] heißt es dazu: »Es lassen sich eben mehr Waren verkaufen, wenn Spielsachen, Zimmereinrichtungen, Bücher und andere Medien, wenn Kleidung, Schulbedarf und auch Freizeitinteressen unserer Töchter nicht gut, zumindest nicht gut genug sind für unsere Söhne und umgekehrt.«

Und als wäre das nicht verwirrend genug, steht dann auch noch Mutti da und erklärt, dass es keine Jungs-Mädchen-Trennung gibt, obwohl die vom Schuh bis zum Spielzeug deutlich zu erkennen ist. Als ich meiner dreijährigen Tochter im Einkaufscenter sagte, dass Rosa keine Mädchenfarbe sei, streckte Maria die Hand aus und meinte:»Aber guck doch selber, Mama.« Es dauerte einige Tage, bis ein Mann in grauer Anzughose und mit rosa Hemd an uns vorbeilief und ich ihrer Logik etwas entgegensetzen konnte:»Sieh mal, Jungs haben auch rosa an.« Die Farbe blieb trotzdem noch eine ganze Weile Marias Favorit. Und sie stand ihr auch.

> Kinder sollten auf dem Weg zur Selbstfindung die unterschiedlichsten Erfahrungen machen dürfen.

»Letztendlich ist es irrelevant, ob etwas angeboren, anerzogen oder angeeignet ist. Wichtig ist, genau hinzusehen: Wer ist dieses Kind, und wie können wir es in seinen individuellen Interessen und Fähigkeiten fördern«, meint Petra Focks, Professorin an der Katholischen Hochschule für Sozialwesen Berlin.[79] Eltern sollten ihren Kindern ermöglichen, sich auszuprobieren und herauszufinden, was und wie sie sein möchten.

Wie haben von Anfang an Sätze wie»Das ist nur was für

Jungs« oder »Das kannst du nicht« vermieden, aber auch Marias Vorliebe für Einhörner und Rosa akzeptiert. Gleichzeitig lenkten wir ihr Interesse auf weniger rosarote Heldinnen. Wir sahen *Pippi Langstrumpf* und fieberten mit *Merida* mit, der rothaarigen Disney-Prinzessin, die sich uralten Sitten widersetzt, nicht heiraten will und ganz ohne männliche Hilfe den Film zum Happy End führt. Und wir holten uns *Drachenzähmen leicht gemacht* als Serie auf DVD, um den sensiblen Wikingerjungen Hicks, der bei einem Abenteuer sein Bein verlor, und seine taffen Freundin Astrid bei ihrem Kampf um ein friedliches Zusammenleben von Drachen und Wikingern anzufeuern.

Als wir Maria die ersten begleiteten Ausflüge auf digitale Spielplätze erlaubten, suchte ich auch nach Angeboten, bei denen sich Kinder jenseits der Klischees probieren können. Beispielsweise Apps der Berliner Firma Wonderkind, auf deren Baustellen und Piratenschiffen sich die kleinen Spieler ihre Figur nach eigenen Vorstellungen gestalten können. Später schickte ich Maria in den virtuellen Sandkasten von *Minecraft*.

Denn ich hatte in einem Artikel von Rey Junco, Professor für Pädagogik und Mensch-Computer-Interaktion an der Iowa State University, gelesen, dass *Minecraft* auch dabei helfen kann, spielend Geschlechterstereotypen zu überwinden. »Es müssen keine Prinzessinnen gerettet und keine Rennwagen gebaut werden. Es gibt auch keine bösen Bosse, die man besiegen müsste. Stattdessen geht es um nicht-stereotypisierte Prozesse wie etwa das Anlegen von Farmen, um die eigene Spielfigur mit Nahrungsmitteln zu versorgen.«[80]

Deshalb gab ich meiner achtjährigen Tochter einen Schlüssel für diese Klötzchenwelt und installierte das virtuelle Konstruktionsspiel auf dem Tablet, als ein zwölfjähriger Freund von ihr zu Besuch kam. Der nahm sie beim ersten Ausflug an die Hand, richtete die *Minecraft*-Welten ein und zeigte ihr, wie sie so Häuser bauen, Bäume fällen, Tiere und Monster erschaffen oder Lavaströme in Bewegung setzen kann.

Noch spielt Maria allein im Offline-Modus und fachsimpelt manchmal in der Schule darüber. Danach erzählt sie mir, was sie als nächstes plant. »Das hab' ich von den Jungs.« Es sind Momente, in denen sich die Kinder auf Augenhöhe begegnen, wie etwa beim Tauschen von Sammelkarten. Ohne die typischen »Jungs gegen Mädchen, Mädchen gegen Jungs«-Rituale.

Die werden sich bald jedoch auf der digitalen Ebene abspielen. In WhatsApp-Klassenchats zum Beispiel. Der zwölfjährige Sohn einer Freundin erzählte mir, warum er den virtuellen Schulhof klasse findet. »Da postet immer irgendwer die Hausaufgaben und man kann die Mädchen ärgern.« Wie das funktionieren könnte, dafür zählte er eine Reihe von Möglichkeiten auf: Im Chat in schneller Folge sinnlos Buchstaben posten, was bei allen in der Gruppe ein Konzert von Benachrichtigungstönen und Push-Benachrichtigungen zur Folge hat: »Nervt die total«. Oder mit einem Kumpel im Klassenchat über Fußball reden: »Da denken die Mädels immer, es ist was Wichtiges und sind total enttäuscht.« Oder eklige Bilder posten: »Da werden die richtig sauer.« Oder spätabends irgendwas in den Chat stellen: »Die rennen nämlich sofort zum Handy, wenn's piept.« Jungs seien da cooler, erklärte er mir. Er habe die Klassengruppe bei WhatsApp auf stumm geschaltet und schaue höchstens zweimal am Tag hinein. Die Mädchen dagegen würden »dauernd wie blöde bei WhatsApp rumhängen«. Er erzählte das alles ohne Arglist. Als ich ihn fragte, warum er das mache, überlegte er kurz und meinte dann: »Weil es Spaß macht und die Erwachsenen da nicht nerven.«

Ich dachte lange über diesen Satz nach und versuchte mich zu erinnern. Auch mir hatte es als Kind Spaß gemacht, andere zu ärgern. Mit einer Freundin lehrte ich meinen jüngeren Bruder einmal die Wortkombination »dicke fette Arschbulette«, dann versteckten wir uns auf einem Baum und schickten den Kleinen mit seinen neuen Wortschätzen zum Nachbarn. Der Spaß endete, als der sich bei meinen Eltern beschwerte und ich mich entschuldigen musste.

Auch in meiner Schulzeit existierte diese magnetische Rivalität zwischen Jungen und Mädchen in der Schule: Zettel mit Dummheiten, die im Unterricht zwischen den Tischen hin-

> Jungs und Mädchen treffen sich auch in der virtuellen Welt an unterschiedlichen Orten. Mitunter liegen diese aber dicht beieinander.

und hergereicht wurden. Es gab Cliquen, die sich nach der Schule trafen, über die anderen herzogen oder sich zu Mutproben anstifteten. Aber wir hatten nicht ständig die Sorge unserer Eltern im Gepäck, mussten erst zum Abendbrot zu Hause sein.

Diese analogen Freiräume schrumpfen. Heute wissen schon Kinder, was Stress bedeutet. Fehlende Freizeit, zu wenig Handlungsspielraum und zu viele Termine bestimmen immer mehr ihr Leben. Drei und mehr Nachmittage sind bei 39 Prozent der 12- bis 16-Jährigen jede Woche fest verplant.[81] »Zudem dürfen sie oftmals nicht eigenständig darüber entscheiden und erleben Termine und Aufgaben als Zwang und Belastung.« Kein Wunder, dass sich Kinder dann ins Internet zurückziehen, um dort herumzutollen und sich auszuprobieren. Ohne dass ihre Eltern die volle Kontrolle über sie und ihre Zeit haben.

Und auch auf den digitalen Hinterhöfen gibt es unterschiedliche Treffpunkte für Mädchen und Jungs, selbst wenn es der gleiche Hof ist. Beispielsweise bei YouTube, dem Videoportal, das für Jugendliche immer mehr das Fernsehen ersetzt und zur Hauptinformationsquelle wird. Der bekanntester Nachrichten-Sprecher der deutschen YouTube-Welt, Florian Mundt alias LeFloid, durfte 2015 sogar die Kanzlerin interviewen. Und bekam dafür von den TV- und Print-Kollegen reichlich Kritik. Seine Fragen seien zu seicht, zu freundlich, zu belanglos gewesen. Doch auf YouTube geht es nicht in erster Linie darum, im journalistischen Sinne zu informieren, sondern vielmehr geht es darum zu unterhalten und eine möglichst große Fangemeinschaft, auch Community genannt, aufzubauen. Denn Klicks sind Geld. Über Einnahmen aus Produktwerbung oder die dem Video vorgeschaltete Werbung kann aus dem Hobby ein Beruf werden: YouTuber oder YouTuberin. »Allein in den zurückliegenden zwei Jahren hat sich in Deutschland die Zahl der großen YouTube-Kanäle mit mehr als einer Million Abonnenten verdreifacht.«[82] Von Nachrichten über Comedy bis hin zu Lebenshilfe ist für jeden etwas dabei. Und anders als im TV sind die Idole in greifbarer Nähe. Per Mail, Chat oder Kommentarfunktion zu erreichen.

Für Mädchen gibt es Videos rund um die Themen Mode, Schminken, Kochen und Lifestyle. Sie abonnieren häufig Kanäle wie »BibisBeautyPalace« oder »Dagi Bee«, um sich nach Anleitungen zu schminken oder sich vor dem Kauf eines neuen Shirts erst einmal durch die Empfehlungen zu klicken. Jungs interessieren sich seltener für Mode, sehen lieber anderen beim Spielen zu. Nicht wie ihre Väter auf dem Fußballfeld, sondern auf virtuellen Bolzplätzen wie *Minecraft*, *Clash of Clans* oder *Grand Theft Auto*. Bei diesen Let's-Play-Videos ist der YouTuber Spieler und Kommentator zugleich.

Auch bei Instagram, dem Social-Media-Dienst zum Teilen von Fotos und Videos, gehen die Interessen der Heranwachsenden auseinander. Jungs installieren die App häufig, um prominenten Musikern oder Fußballern zu folgen, und posten eher sporadisch eigene Bilder. Mädchen nutzen den virtuellen Spiegel exzessiver, um sich in verschiedene Lebens-Posen zu werfen, unterschiedliche Identitäten auszuprobieren und sich mit ihren Idolen zu vergleichen.

»Eltern sollten sich dafür interessieren, wem ihre Kinder im Internet folgen«, rät der Medienpädagoge Michael Weis. »Oder wie ein Kollege meinte: Wenn sie zu Freunden gehen, will man ja auch wissen, was das für Typen sind.« Weis, der unter anderem für die Medienakademie Baden-Württemberg als Referent und Trainer arbeitet, veranstaltet regelmäßig Workshops an Schulen. In den vierten und fünften Klassen wird häufig WhatsApp zum Schwerpunktthema. »Bei den meisten mündete der Klassenchat im Desaster.« Weil klare Regeln fehlen, auch spätabends noch gepostet wird oder Unterhaltungen zwischen

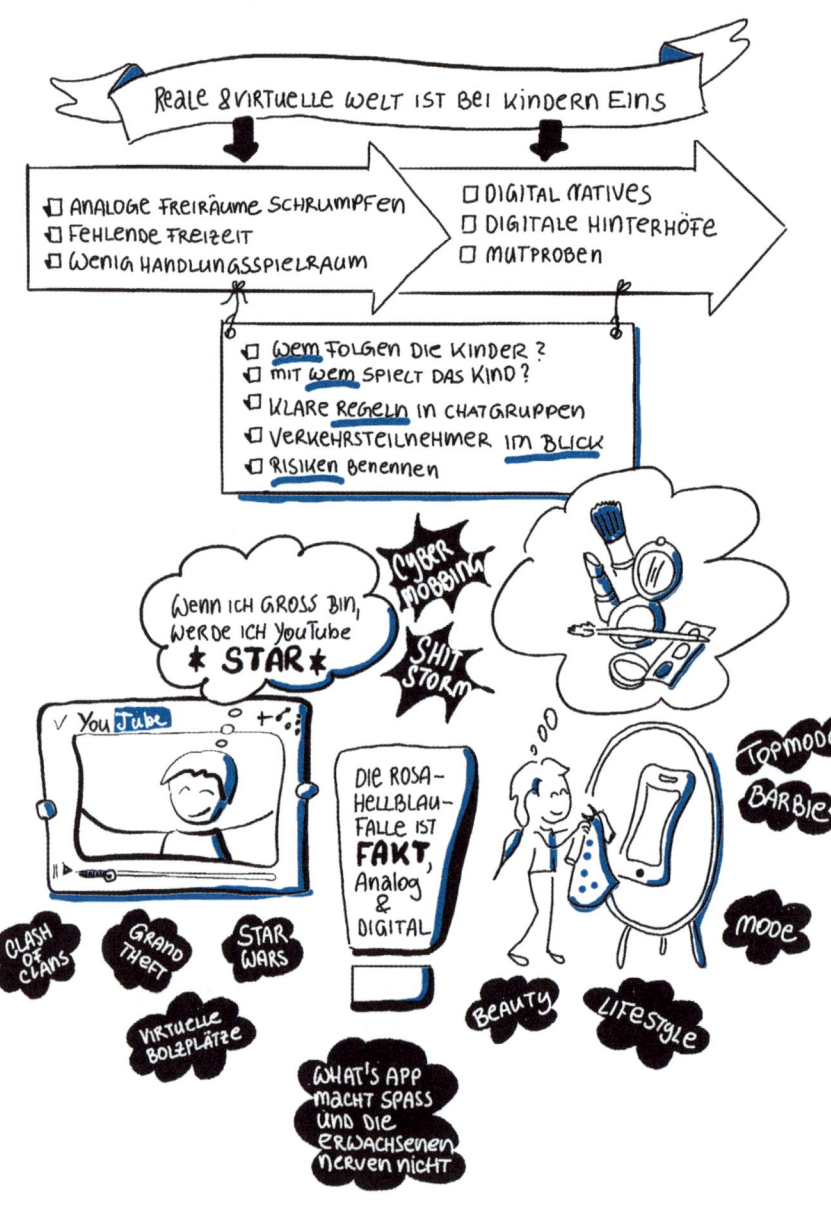

zwei oder drei Schülern den Rest der Klasse nerven. Weil in der Gruppe mit Worten und Bildern gemobbt wird oder einzelne Schüler ausgeschlossen sind. »Es braucht auch im digitalen Raum Klassenregeln«, meint Weis. Die seien am nachhaltigsten, wenn sie mit den Schülern gemeinsam erarbeitet würden, sich in der analogen Welt Zeit für Gespräche über die virtuellen Räume genommen wird. Organisationen wie *klicksafe.de*, *saferinternet.at*, *digitale-helden.de* oder das WDR-Projekt *planet-schule.de* bieten dafür Unterrichtsmaterialien, Elternchecklisten und Dokumentationen an.

Das ist erforderlich, denn den Digital Natives fehlt es in der virtuellen Welt oft an Folgebewusstsein. Sie posten Gerüchte oder Beleidigungen in der gleichen Unbedarftheit, mit der ich meinen Bruder mit dem schönen Wort »Arschbulette« zum Nachbarn schickte. Damals stand weniger auf dem Spiel, war die Korrektur leichter und die Dummheit schnell vergessen.

Heute sind die Konsequenzen größer, schwerwiegender, bedrohlicher. Für Jungen und Mädchen.

Dabei ist es im ersten Moment viel einfacher, »Idiot« in die Tastatur zu tippen, als es jemandem ins Gesicht zu sagen. »Ich dachte, online streitet es sich leichter«, erzählte mir eine Dreizehnjährige. Ein fataler Irrtum, wie sie lernen musste. Ihre abschätzigen Worte an die Freundin im »Privatchat« wurden von der kommentiert in einer Mädchengruppe geteilt, und plötzlich fand sich die Dreizehnjährige in einem regelrechten Shitstorm wieder. Statt sich zu entschuldigen, sah sie sich selbst als Opfer an die Wand gedrängt und schlug virtuell um sich. Die Freundschaft zerbrach daran, das Mädchen wurde zur Aussätzigen und geradezu gebrandmarkt.

»Im Internet schaukeln sich Konflikte immer weiter hoch. Um sie zu lösen, muss man sie möglichst früh aus dem Netz herausholen und sich vor Ort zusammensetzen«, erklärt Adrian Jagusch, Scout-Mentor der Selbstschutz-Plattform *juuuport.de*, bei der sich die Jugendlichen mit ihren Problemen online an jugendliche Scouts wenden können. Und gerade in Mobbing-fällen geben die jugendlichen Helfer immer wieder den Rat, sich von Eltern und Vertrauenslehrern Hilfe zu holen.

> Die virtuelle und die reale Identität des Kindes sind eine unzertrennliche Einheit, das gilt es zu akzeptieren.

Doch dafür müssen wir Erwachsenen begreifen, dass die virtu-elle und die reale Identität des Kindes untrennbar miteinander verschmolzen sind. Ratschläge wie »Lösch einfach dein Profil« klingen in den Ohren eines Heranwachsenden wie »Hack dir den Finger ab, wenn er weh tut«, Beruhigungsversuche à la »Ist doch nicht so schlimm« wie ein »Blutet doch nur« bei einem abgehackten Bein.

Und wir Eltern müssen uns von unserem Angstfokus lösen. Häufig ist der nämlich an das Geschlecht des Kindes gebun-den. Bei Mädchen wird befürchtet, dass sie in sozialen Netz-werken zu viel von sich preisgeben und damit missbraucht werden können. Bei Jungs stehen vor allem die Spielsucht und die Möglichkeit der Verrohung durch PC-Games im Vordergrund elterlicher Sorgen.

Berechtigte Bedenken. Aber es ist ein bisschen so, als würde man sich im Straßenverkehr nur darauf konzentrieren, nicht vom Bus überfahren zu werden. Um sicher über die Straße zu kommen, sollte man aber alle Verkehrsteilnehmer im Blick haben, die unterschiedlichen Geschwindigkeiten abschätzen und die Folgen des eigenen Handelns kalkulieren können.

Und die sind für Jungen und Mädchen gleich.

Beim Cybermobbing können beide zu Opfern werden – und genauso leicht zu Tätern. Sei es aus Gruppenzwang, auf der Suche nach Aufmerksamkeit oder aus einem Impuls heraus. Je lauter, schriller oder extremer Meinungsäußerungen im Netz sind, desto größer ist die Chance, gesehen, geteilt und gelikt zu werden. Um zu verhindern, dass das eigene Kind zum Täter wird, können Eltern schon in der analogen Welt anfangen, den Unterschied zwischen Werten und Bewertungen, Empathie und Narzissmus, Meinung und Hetze zu erklären, Toleranz und Respekt vorleben.

Wir führen deshalb mit Maria seit ihrer Kindergartenzeit Unterhaltungen über Themen, bei denen in meiner Kindheit noch gesagt worden wäre: »Dafür bist du noch zu jung.« Wir suchen in ihren Erzählungen nach Anknüpfungspunkten, um mit ihr übers Anderssein zu reden, über Worte, die verletzen können, über tödliche Traurigkeit, über Neid, über Liebe, übers Glücklichsein, über Angst und Mut.

Und auch über den Wert von Namen und Adressen. Kurzum, den Wert persönlicher Informationen.

Als Maria vier oder fünf Jahre alt war, wartete sie Eis essend auf einer Bank im Eingangsbereich der Drogerie, während ich schnell einkaufte. Sie begann ein Gespräch mit einer netten älteren Frau, erzählte ihr, wie sie heißt, in welche Kita sie geht, von unserer Familie und unserem Kater. Ich setzte mich eine Weile dazu und dann verabschiedeten wir uns. Auf dem Heimweg sagte ich Maria, dass sie vorsichtig damit sein muss, zu viel von sich preiszugeben. Dass Namen und Adressen wie Schätze sind, mit denen sie in eine Falle gelockt werden kann. »Aber die Dame war doch lieb«, meinte Maria. Ich erklärte ihr, dass die Frau die Namen auch an Fremde weitergeben könnte, die nicht so lieb wären. »Wenn jemand zu dir kommt und sagt: ›Hallo Maria, wie geht es dir und was macht dein Kater Max?‹ dann vertraust du ihm viel schneller, weil du glaubst, er kennt dich. Und dann kann er dich einsperren, bis wir Geld bezahlen.«

> Kinder müssen den Wert persönlicher Informationen verstehen. Namen und Adressen sind wie Schätze, die sie nicht zu schnell preisgeben sollten.

Maria fing erschrocken an zu weinen. Ich tröstete sie und fragte mich, ob ich nicht vielleicht übers Ziel hinausgeschossen war. Aber seitdem hütete Maria ihre Schätze und fragte uns, bevor sie Erwachsenen ihren Namen verraten wollte. Manchmal führte das zu interessanten Reaktionen, wenn an der Bushaltestelle oder im Geschäft die Frage »Na, Kleine, wie heißt du denn?« kam. Mein »Sie soll Fremden ihren Namen nicht sagen« fanden einige umsichtig, andere arrogant, wieder andere hysterisch.

Vielleicht ist es auf den ersten Blick auch übertrieben, schließlich war Maria damals nie allein unterwegs. Aber so hat sie den Wert von persönlichen Informationen verstanden, bevor sie in der virtuellen Welt an allen Ecken danach gefragt wird. Bei Instagram &. Co, bei Online-Spielen, beim Kommentieren, in Chatforen.

»Mein Name ist Paul, mein Lieblingsspiel ist *Minecraft*, mein Alter ist 12.« Mit diesen Profilangaben in Online-Foren zu dem Spiel geriet ein Schweizer Junge ins Visier eines deutschen Pädophilen. Werner C. erschlich sich das Vertrauen des Kindes, vermutlich sogar mit seiner wahren Identität als 35-Jähriger. Ein Erwachsener, mit dem der Junge über seine Leidenschaft sprechen konnte, der ihn für die Errungenschaften im Spiel lobte und ihm dafür Anerkennung zollte. Der Schüler vertraute dem vermeintlichen Freund im Internet so sehr, dass er im Juni 2016 von zu Hause weglief und freiwillig mit ihm nach Düsseldorf fuhr. Fast eine Woche war der Junge in der Gewalt des Mannes, während öffentlich nach ihm gesucht und sein Computer ausgewertet wurde. So kamen die Ermittler auf die Spur des Hilfskochs und konnten den Jungen befreien. Danach sagte sein Vater: »Als Eltern rechnet man nie damit, dass dem eigenen Kind so etwas passiert.«[83]

Vermutlich hatte ihn beruhigt, dass Paul sich in einer Spielewelt bewegte, die von der Unterhaltungssoftware Selbstkontrolle (USK) ab sechs Jahre freigegeben ist. Doch auf den virtuellen Hinterhöfen bieten Altersempfehlungen keinen Schutz. Im Online-Modus spielen und kommunizieren Erwachsene,

Jugendliche und Kinder, bis auf einige kinderspezifische Ausnahmen wie *blinde-kuh.de*, gemeinsam. Während es auf einem realen Spielplatz auffallen würde, wenn sich ein Fremder einem Kind nähert, ist es in der virtuellen Welt Normalität. Deshalb ist es wichtig, Kinder so geschützt wie möglich auf den digitalen Spielplatz gehen zu lassen: Mit Fantasienamen, die weder Geschlecht noch Alter verraten. Ohne Angaben zu Wohnort, Schule und Telefonnummern. Mit den bestmöglichen Privatsphäre-Einstellungen.

> Bei ihren Besuchen auf dem digitalen Spielplatz sollten Kinder in ihrer Privatsphäre möglichst umfassend geschützt sein.

Dafür ist es notwendig, dass Eltern sich vorher informieren und mit dem Kind gemeinsam die Profile in Social-Media-Diensten oder Online-Spielen anlegen. Hilfe und Tipps dazu können sie sich auch im Internet holen, unter anderem bei *internet-abc.de, klicksafe.de, handysektor.de, saferinternet.at, spiele-ratgeber-nrw.de, spielbar.de, schau-hin.info* und *jugendundmedien.ch*. Oder in zahlreichen empfehlenswerten Büchern zu dem Thema[84] wie *Mein Kind ist bei Facebook: Tipps für Eltern, Das Elternbuch zu Facebook, WhatsApp, YouTube & Co, Generation »Social Media«* oder *Game! Crime?*.

»Eltern müssen in der Lage sein, die Risiken zu benennen und mit ihrem Kind darüber zu reden«, erklärt Thomas-Gabriel Rüdiger, Kriminologe und Cybercrime-Experte an der Fachhochschule der Polizei des Landes Brandenburg. Sich die virtuellen Welten vom Nachwuchs erklären zu lassen, sei zu wenig. »Denn die Kinder zeigen in solchen Situationen natürlich selten die Schattenseiten und dunklen Ecken. Weil sie diese nicht kennen oder weil sie Angst haben, dass ihnen das Spiel dann verboten wird.«

So werden Mama und Papa vom Kind sicher nicht erfahren, dass bei Online-Spielen auch ein rauer Ton herrschen kann. »Insbesondere Sexismus, Homophobie und Islamophobie sind weit verbreitet. Hinter ihrem Pseudonym versteckt, widmen sich die streitlustigsten und lautesten Mitglieder in Spielechats, Foren und Kommentarspalten am liebsten der Selbstdarstellung und Herabwertung anderer«, heißt es in der Broschüre »Gaming und Hate Speech.[85]

Mobbing und Cyber-Grooming, Webcam-Exhibitionismus – was Mädcheneltern in sozialen Netzwerken fürchten, ist auch für spielende Jungs eine reale Gefahr. Deshalb muss mit ihnen auch darüber geredet werden und nicht nur über Zeitfenster oder Gewaltdarstellung in Spielen. »Sobald online kommuniziert wird, sind die Gefahren die gleichen, egal ob bei Facebook oder Minecraft«, meint Cybercrime-Experte Rüdiger, der auch ein Buch zu dieser Thematik verfasst hat.[86] »Auf dem Bolzplatz wird Rücksicht genommen, wenn man mit Kindern spielt. In der virtuellen Welt leider nicht.« Es herrschen die Regeln und Maßstäbe der Erwachsenen.

Neulich war Maria mit einer Freundin im Park spielen und traf dort Jungs aus ihrer Klasse. Abends berichtete sie, dass sie zusammen gespielt hatten. »Wir mussten dafür eine Mutprobe machen«, nämlich von einer Mauer springen. Es gab zwei Mauern, eine hohe und eine sehr hohe. »Ich bin von der kleineren gesprungen«, erzählte Maria, und ich stellte sie mir in diesem Moment vor. Wie sie das Risiko abschätzte, wie ihr Herz klopfte. Wie sie sich, ohne die Sorge ihrer Mutter im Rücken, die kleinere Mutprobe zutraute, sprang, auf dem sandigen Boden aufkam und wieder ein Stück gewachsen war.

Bald wird Maria in digitalen Parks auf Gruppen, Gilden oder Cliquen treffen. Und auch dort kann es passieren, dass von ihr eine Mutprobe, ein Treuebeweis verlangt wird.

Seit 2010 gibt es den gefährlichen Trend, sich auf Gleisen zu fotografieren. Um Anerkennung in Form von Herzchen und Likes zu bekommen oder um gemeinsam mit der Freundin ewige Verbundenheit zu zeigen. 2011 forderten die Schienen-Selfies die ersten Todesopfer in Deutschland, weil die Mädchen den herannahenden Zug zu spät bemerkten.

> Kinder brauchen genug Selbstvertrauen, um nicht um jeden Preis dazu gehören zu wollen und alles mitzumachen.

Manchmal haben diese Mutproben auch den Charakter von Kettenbriefen. Bei sogenannten Challenges muss man sich bei der Mutprobe filmen, das Video ins Netz stellen und gleichzeitig den nächsten nominieren, der sich der Mutprobe stellen soll.

Wer sich dagegen entscheidet, wird öffentlich bloßgestellt. Ganz sicher wird auch Maria in nicht allzu ferner Zukunft zu einer dieser Mutproben aufgefordert werden. Ich hoffe, dass sie dort genauso die Risiken abschätzen und sich gegen die große Mauer entscheiden wird. Dass sie genug Selbstvertrauen haben wird, nicht um jeden Preis dazugehören zu wollen und mir davon erzählen wird.

So wie der Sohn eines Freundes, der nach Hause kam und seinen Vater um einen Spaziergang bat. Dort berichtete der Zehnjährige, dass seine Kumpels als Mutprobe krasse Porno-Videos schauten. Wer rausging, hatte verloren. »Aber Papa, ich will das nicht«, meinte der Junge und erzählte von einem Porno mit zwei Frauen, einem Mann und Urin. Sein Vater musste aus dem Stegreif ein erweitertes Aufklärungsgespräch improvisieren. Darüber, dass solche Filme wenig mit der Realität zu tun haben. Und dass es völlig in Ordnung ist, wenn er solche Mutproben nicht mitmacht. »Auf solche Freunde kannst du verzichten.« Er versprach, seinem Sohn beizustehen, wenn nötig mit den Freunden und sogar mit deren Eltern zu reden.

»Da hat dein Kind noch keinerlei sexuelle Erfahrung und schon härtere Pornos gesehen, als du in deinem ganzen Leben. Ist doch verrückt«, sagte mein Freund danach zu mir. Genauso verrückt fanden seine Eltern früher vielleicht, dass am Kiosk Zeitschriften wie *Quick* oder *Playboy* zur Schau gestellt wurden.

Fakt ist, dass es heute so leicht wie nie zuvor ist, an Pornos zu kommen. Anders als in der Videothek muss man im Internet nicht seinen Ausweis zeigen. Auf Plattformen wie YouPorn oder Pornhub gibt es sie sogar kostenlos, von Amateuren oder Semi-Profis produziert. Diese Flut von privaten Sex-Filmen hat auch die Porno-Industrie verändert. Mehr

Tabubrüche, ausgefallenere Praktiken, brutalere Szenen. Für eine US-Studie[87] wurden 2014 Porno-Darstellerinnen und Darsteller nach ihrem Arbeitsalltag befragt. 80 Prozent berichteten von Szenen mit hohem Verletzungsrisiko, fast die Hälfte von Gangbang, eine Art gespielter Gruppenvergewaltigung.

Das hat Auswirkungen auch auf Heranwachsende. »Ich folge den Spuren eines elf- oder zwölfjährigen Jungen, wenn er ›Porno‹ bei Google eingibt. Was glaubt er, wird er finden? Bilder von Brüsten, eine nackte Frau. In Wirklichkeit wird er sofort in eine Welt sexueller Gewalt und Grausamkeit katapultiert«, erklärt die britische Soziologin und Mitbegründerin des »Feminist Anti-Pornography Movement«, Gail Dines, in der Reportage *Nur Porno im Kopf*.[88] Sie fürchtet, dass diese Art der Pornografie eine ganze Generation traumatisieren könnte.

Ich halte das für übertrieben. Aber als ich bei Google »Porno« eingab und auf Bilder klickte, konnte ich erahnen, was sie meinte. Bei den Fotos, die sich auch Kinder ohne Frage nach dem Alter anschauen können, gab es zwei oder drei erotisch posierende Nackte, der Rest waren Fotos von sehr eindeutigen Steck-Szenen in verschiedene Körperöffnungen oder Großaufnahmen von Geschlechtsteilen. Mit Erotik hatte das nichts zu tun. Unter diesem Stichwort erscheinen bei Google Bilder, die für anregende Fantasien von Heranwachsenden eher geeignet sind.

Deshalb ist es wichtig, mit Heranwachsenden auch über solche Themen zu reden. Mit Jungen und Mädchen. Dass sie Pornos nicht mit Sex verwechseln und darin gestärkt werden, ihre Bedürfnisse und ihre Grenzen zu definieren. Immerhin hat schon die Hälfte der 13-jährigen Jungs mindestens einmal Kontakt mit Pornografie gehabt, bei den gleichaltrigen Mädchen sind es 15 Prozent.[89] Jungs suchen dabei eher nach Stimulation, Mädchen nach Aufklärung.

Was passieren kann, wenn man es versäumt, rechtzeitig darüber zu reden, erfuhr eine Bekannte, als die Freundin ihres 17-jährigen Sohnes zu ihr kam. Das Mädchen bat sie, doch bitte mit ihrem Sohn zu reden, weil er beim Sex Dinge von ihr wollte, die sie abstoßend fand. Aus Angst ihn zu verlieren, hatte sie aber mitgemacht und nun glaubte er, sie fände es schön. Meine Bekannte meinte, es sei »das peinlichste Gespräch ihres Lebens« gewesen.

Trotzdem scheint die Bilderflut im Internet nicht zwangsläufig zu einer »Generation Porno« zu führen. Die Studie *Jugendsexualität im Internetzeitalter*[90], für die 160 Heranwachsende interviewt wurden, schreibt zu der befürchteten suchtähnlichen Eskalation von Pornonutzung: »In unserer nicht klinischen und eher kleinen Stichprobe Jugendlicher lassen sich solche Tendenzen nicht beobachten.« Auch *Juuuport*-Scout Adrian Jagusch meinte, das Problem Porno tauche bei ihren Unterhaltungen mit Jugendlichen eher marginal auf. Mich als Mutter hat das beruhigt.

Trotzdem möchte ich Bescheid wissen. Um uns regelmäßig über die Erlebnisse auf den virtuellen Hinterhöfen auszutauschen – und nicht erst, wenn es Probleme gibt –, will ich für uns ein Gesprächs-Ritual finden.

Eine Möglichkeit dazu kann eine Offtime-App sein. Medienpädagoge Michael Weis erzählte von einer Familie, in der sich alle das gleiche Programm aufs Smartphone luden, das Nutzungszeit und die besuchten Seiten registriert. »Am Wochenende setzt sich die Familie zusammen und jeder erzählt von seiner Online-Zeit.«

 # Klick-Tipps

Tipps und Informationen für Eltern

www.klicksafe.de

www.saferinternet.at

www.internet-abc.de

www.handysektor.de

www.schau-hin.info

www.jugendundmedien.ch

Für Pädagogen

www.medienpaedagogik-praxis.de – Projektbeispiele, Materialien und Tipps von Medienpädagogen.

www.klicksafe.de/materialien – Hilfestellungen für Unterricht und Elternarbeit.

www.digitale-helden.de – Onlinekurse für Lehrer und Schüler, die ihr Wissen als Mentoren an Mitschüler weitergeben sollen.

www.gutes-aufwachsen-mit-medien.de/informieren – Initiative des Bundesfamilienministeriums mit Praxisbeispielen.

www.code-your-life.org – Microsoft-Initiative, die schon Grundschülern Programmieren nahebringen will.

www.bpb.de/lernen/digitale-bildung/medienpaedagogik/206263/medienkompetenz-datenbank – Die Bundeszentrale für politische Bildung bietet eine Datenbank mit überregionalen und regionalen Angeboten zur Förderung der Medienkompetenz.

www.dlr.de/schoollab – Deutschlandweite Schülerlabore vom Zentrum für Luft- und Raumfahrt, um die Welt der Forschung selbst zu entdecken.

15 Die kurze Geschichte des Internets

»Mama, seit wann gibt es eigentlich das Internet?«, wollte Maria eines Tages wissen. Eine Frage, die mich kalt erwischte. Ich hatte kein Datum parat und kein Smartphone zur Hand, um die Antwort zu suchen. Mir blieb erst einmal nur, in meinen Erinnerungen zu kramen. »Schon über 20 Jahre«, sagte ich und erzählte Maria von meinen ersten echten Internet-Erinnerungen. Vom Jahrtausendwechsel, als ich zum Spanischlernen für drei Monate nach Lateinamerika geflogen war. Dass ich dort regelmäßig in Internet-Cafés ging, um den Daheimgebliebenen ein Lebenszeichen zu geben und meine Route für die nächsten Tage zu planen. Ich erinnerte mich an Internet-Cafés in Lima, Cuzco, Quito und im Nebelwald von Ecuador. An das Warten auf einen freien Rechner, an das dauernd präsente Fiepen der sich aufbauenden Verbindung. An Mails, die Oma getippt und Mutti geschickt hatte. An mich als katja peru@, um Eltern und Freunden von meinen Abenteuern zu berichten.

Nachdem ich Maria von meinen Erlebnissen erzählt und sie ins Bett gebracht hatte, wollte ich es genauer wissen und begab mich auf Recherche. Ich stellte fest, dass das Internet schon einige Jahre auf dem Buckel hatte, bevor es sich in meinen Erinnerungen verankerte. Und dass es das weltumspannende Netzwerk ohne den Kalten Krieg so vielleicht heute gar nicht geben würde.

Bei ihrem Wettlauf ins All schossen die Sowjets am 4. Oktober 1957 als erste Nation erfolgreich einen Satelliten in die Umlaufbahn – den »Sputnik«. Kurz darauf beförderten sie zum 40. Jahrestag der Oktoberrevolution auch noch die Hündin Laika als erstes Lebewesen ins Weltall. Und die Amerikaner mussten nicht nur mit der Schmach leben, zweiter zu sein. Als sie am 6. Dezember 1957 ihren Satelliten »Vanguard 1« in den Orbit schießen wollten, explodierte die Trägerrakete kurz nach dem Start und der US-Satellit rollte piepsend aus dem Wrack. US-Präsident Dwight D. Eisenhower muss getobt haben. Damit sein Land nicht noch einmal derart blamiert würde, zweigte er fürs Verteidigungsministerium Gelder ab und ordnete die Gründung einer geheimen Forschergruppe an. In der »Advanced Research Projects Agency« (ARPA) bekamen die besten

> 1969 schlägt mit dem ARPANet die Geburtsstunde des internet – vier Großrechner, vernetzt via Telefonleitungen.

Wissenschaftler den Auftrag, Ideen und Projekte umzusetzen, die Nordamerika wieder an die Spitze der Erforschung des Weltalls bringen sollten.

Während die Hippie- und 68er-Bewegung gegen den Vietnam-Krieg protestierte, von Weltfrieden und freier Liebe träumte, entstand unter der Aufsicht des US-Verteidigungsministeriums das erste Computer-Netzwerk.

Ausgerechnet im Jahr von Woodstock, 1969, wurden im ARPANet die ersten Großrechner via Telefonleitungen vernetzt. Vier, um genau zu sein. Eigentlich sollte das Wort »login« übermittelt werden, aber schon beim dritten Buchstaben

Internet steht für INTERconnected NETwork.

stürzte das System ab. Nur »Lo« kam an.[91] Schlagzeilen à la »Sputnik« hätte das sicher nicht gebracht, aber es war im Rückblick die Geburtsstunde des Internets. Zwei Jahre später verschickte der Informatiker Ray Tomlinson in dem Netzwerk mit einem selbstgeschriebenen Programm die erste E-Mail. Als Test. An sich selbst. Und wieder hatte das Ganze nicht das Zeug zur Titelstory. »Vermutlich stand in der Mail etwas wie QWERTYUIOP oder so ähnlich«, erinnerte sich Tomlinson an den Moment im Jahr 1971.[92]

Ich kam fast zeitgleich mit dem Begriff »Internet« auf die Welt. Weil die schrankgroßen Rechner 1974 unterschiedlich programmiert waren und babylonisches Daten-Sprachengewirr herrschte, suchte man nach einer einheitlichen Schreibweise für Empfänger und Absender. Im Mai publizierte das US-Institut zur Förderung technologischer Innovationen IEEE eine digitale Anschrift-Möglichkeit, die bis heute Standard ist. Im »**Inter**connected **Net**work« bekam jeder verbundene Rechner eine imposante Zahlenkette, die IP-Adresse beziehungsweise »Internet-Protocol« genannt wurde.[93]

Dass »Internet« eigentlich nur Zwischennetz heißt, störte scheinbar niemanden. Jede Mutter hätte sich bei der Namenswahl ihres Babys mehr Mühe gegeben. Gerechterweise muss man allerdings auch sagen, dass Schwangere gegenüber Programmierern eindeutig im Vorteil sind: Sie wissen, was sie nach neun Monaten erwartet – ein Kind, das sein ganzes Leben mit diesem Namen herumspazieren wird. Bei Informatikern stellt sich dagegen oft erst Jahre später heraus, welche ihrer vielen Schöpfungen überleben wird.

Manche bahnbrechende Erfindung wurde auch nur aus Bequemlichkeit programmiert. So wie an der University of Cambridge in Großbritannien. Dort arbeiteten die Forscher in einem weitläufigen Gebäude – und hatten nur eine Kaffeemaschine. Die stand irgendwo weit ab vom Schuss in einem Flur. Weil sie es irgendwann leid waren, umsonst die Treppen zu laufen und vor einer leeren Kanne zu stehen, stellten zwei Wissenschaftler 1991 eine Kamera vor die Brühmaschine und schrieben dazu ein Programm, das in regelmäßigen Abständen Fotos machte und auf die Rechner schickte. So bescherten sie sich einen regelmäßigen Koffeinschub, der Welt die Erfindung der Webcam und der weißen Kaffeemaschine einen Alterswohnsitz in Berlin. Sie wurde dem Technikmuseum gestiftet.

Auch für die erste Handykamera gäbe es dort noch einen Platz. Ihre Geschichte spielt im Jahr 1997. Damals saß der Mathematiker und Softwareunternehmer Philippe Kahn auf der Entbindungsstation vor dem Kreißsaal, während seine Frau mit der ersten Tochter in den Wehen lag. Zu dieser Zeit gab es schon Handys und auch E-Mails, die allerdings noch kosten-pflichtig waren. Wohl um sich abzulenken, aber auch um Geld zu sparen, schrieb der werdende Vater auf seinem Laptop ein Programm. Zusammen mit ein paar Teilen, die ihm aus einem Elektroladen gebracht wurden, verband er seine Digitalkamera mit dem Motorola-Handy. Als sein Kind geboren war, ver-schickte Kahn das erste Handyfoto der Welt – ein briefmarken-großes Bild seiner Tochter, das via Mobilfunk übers Internet an Freunde in aller Welt ging.[94] Die Kleine wurde Sophie ge-nannt, sein zweites »Baby« taufte Kahn »PictureMail«. Wieder kein besonders schöner Name, aber »PictureMail« brachte ihm Millionen ein.

Der Vater des World Wide Web dagegen hatte Jahre zuvor auf Millionen, vielleicht sogar auf Milliarden verzichtet. An-ders als Kahn war Tim Berners-Lee kein Unternehmer, son-dern Wissenschaftler. In London als Sohn eines Mathematiker-Ehepaars zur Welt gekommen, hatte er Physik studiert und war in den 1980er Jahren als Software-Entwickler zum Euro-päischen Institut für Kernforschung (CERN) gestoßen. Neben dem Netzwerk des US-Verteidigungsministeriums gab es da-mals schon andere unabhängige Verbundnetze, die vor allem wissenschaftlichen Zwecken dienten. Für CERN war das Teil eines Problems, denn die Laboratorien lagen auf französischem und schweizerischem Gebiet, hatten zwei verschiedene Netz-werk-Infrastrukturen. Der Austausch von Informationen war damit schwer bis unmöglich. Im März 1989 machte Berners-Lee seinem Chef deshalb einen Vorschlag zum »Informations-management«. Mike Sendall schrieb »Vage, aber spannend« drauf und genehmigte das Projekt.[95]

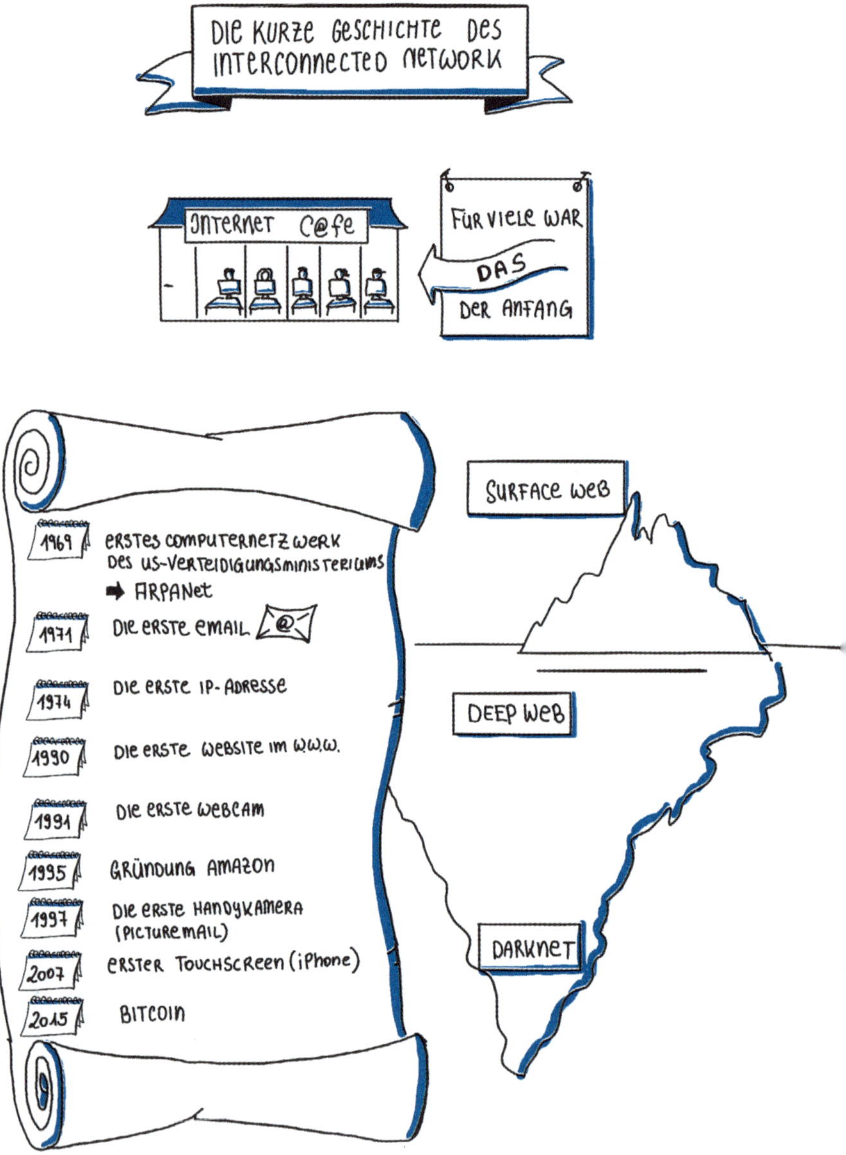

DIE KURZE GESCHICHTE DES INTERCONNECTED NETWORK

INTERNET C@FE

FÜR VIELE WAR DAS DER ANFANG

1969	ERSTES COMPUTERNETZWERK DES US-VERTEIDIGUNGSMINISTERIUMS ➡ ARPANET
1971	DIE ERSTE EMAIL @
1974	DIE ERSTE IP-ADRESSE
1990	DIE ERSTE WEBSITE IM W.W.W.
1991	DIE ERSTE WEBCAM
1995	GRÜNDUNG AMAZON
1997	DIE ERSTE HANDYKAMERA (PICTUREMAIL)
2007	ERSTER TOUCHSCREEN (iPhone)
2015	BITCOIN

SURFACE WEB

DEEP WEB

DARKNET

Vage, aber spannend – so ließ sich auch mein Leben zu dieser Zeit beschreiben. Ich war ein Teenager in Zeiten von Glasnost, hörte Punkmusik und hatte Gorbatschow-Sticker am Pullover. Das System, in dem ich lebte, begann sich aufzulösen. Als ich in den Herbstferien meine Cousine in Dresden besuchte und wir aus dem Kino kamen, standen wir plötzlich mitten in einer Demonstration für Meinungsfreiheit und Reformen. Alle duzten sich, ein Fremder schenkte uns Kerzen und eine ältere Frau mit Kopftuch gab uns den Papierumschlag ihres Buches, damit wir die Flämmchen vor dem Wind schützen konnten. Ich lief mit, ohne zu wissen wohin, fühlte mich stark und mutig. Bis wir der Polizei gegenüberstanden und mit lauten Pfiffen und Klatschen versuchten, unsere Angst zu vertreiben. Wir wussten nicht, was kommt. Wir hofften nur inständig, dass es gut ausgehen würde. Kurze Zeit später fiel die Mauer und ich stand zum ersten Mal in meinem Leben auf dem von Leuchtreklame erhellten Ku'damm, in einer schier unendlich großen Buchhandlung. Alles war so neu. So fremd. So spannend.

Vielleicht hat sich Berners-Lee an seinem Computer im Schweizer CERN-Büro ähnlich gefühlt. Während draußen die Welt der Supermächte aus den Fugen geriet, tüftelte der Brite an einem simplen Datentransfer mit universellem Übertragungsstandard. Alle Informationen sollten unabhängig vom Computersystem aufgerufen werden können. Auf den Info-Seiten sollte man ohne kryptische Befehle nur per Mausklick navigieren können. Er erfand dafür URL-Adressen als Namensform der Seiten und die Beschreibungssprache HTML, die Informationen als World Wide Web-Dokumente über einen Webserver abrufen konnte. Berners-Lee: »Ich schrieb den Code, war der erste Nutzer. Es gab eine Menge Zweifel (…). Es gab viel Überredungskunst und Zusammenarbeit mit tollen Leuten. Und Stück für Stück klappte es. Es hob ab – ziemlich cool!« Im Dezember 1990 stellte er http://info.cern.ch ins Netz, die erste Website im World Wide Web.

> Der »Erfinder« des Webs träumte von einem offenen Netz ohne Zugangsbeschränkungen, einem Ort der Innovation und Kreativität.

Berners-Lee war nicht der Einzige, der an einer universalen Daten-Übertragung arbeitete. Auch in Amerika war an der Universität von Minnesota ein ähnlich bahnbrechender Durchbruch gelungen. Das System nannte sich »Gopher«.[96] Allerdings entschied die Universität, auf ihrem Urheberrecht zu bestehen und für die kommerzielle Nutzung des Programms Gebühren zu erheben.

Berners-Lee hingegen wollte kein Geld. Er träumte von einem offenen Web, einem Ort des sozialen Wandels und individueller Kreativität, zu dem jeder Zugang haben sollte. Er verzichtete bewusst auf die Patentierung seiner Erfindung und überzeugte CERN, die World Wide Web-Software 1993 lizenzfrei zur Verfügung zu stellen.

Es ist schon eine besondere Ironie des Schicksals, dass Berners-Lee mit seiner Vision von der offenen Netzwelt irgendwie auch ein bisschen zum Onkel der Online-Gratiskultur und zum Paten der Privatisierung der Raumfahrt wurde. Hätte es Berners-Lee nicht gegeben, würden wir heute vielleicht in »Gopher« surfen und ganz selbstverständlich für Internet-Inhalte zahlen.

Hätte Berners-Lee nicht auf sein Patent verzichtet, wäre die virtuelle Welt sicher weniger rasant gewachsen. So aber starb »Gopher«, während das »World Wide Web« gigantische Wachstumsraten hatte. Zahlen, die auch visionäre Raubritter anzogen. »Ich wusste, wenn ich mit achtzig Jahren zurückblicken würde, würde ich bedauern, wenn ich nicht mitgemacht hätte«, meint Jeff Bezos[97], der 1995 das Start-up »Amazon« gründete. 2015 hatte er dann als größter Online-Händler so viel Geld übrig, dass er – quasi als Privatvergnügen – mit der recyclebaren Rakete »New Shepard«, die im Auftrag der NASA Astronauten zur ISS bringen soll, die Raumfahrt revolutionierte. Langfristig will Bezos im All neue Arbeits- und Lebenswelten schaffen.

Wieder so eine Ironie des Schicksals. Was als Kampf der Supermächte ums All begann, mutierte im Laufe der letzten fünfzehn Jahre zum Wettstreit der Super-Egos. Längst schießen Privatunternehmen regelmäßig Satelliten in den Orbit, sind die Netzwerk-Rechenzentren nicht mehr nur Eigentum von Staaten, sondern werden auch von Google & Co. betrieben. Der ernsthafteste Konkurrent, den der Amazon-Gründer bei der Eroberung des Weltalls hat, ist kein staatliches Forschungsprogramm, sondern der PayPal-Erfinder Elon Musk mit seiner Raumfahrtfirma SpaceX.

Dabei hatte Berners-Lee sicher andere Visionen, als er seine Erfindung dem freien Markt schenkte. Gemeinschaftliche

Projekte wie die Online-Enzyklopädie Wikipedia, die Spendenplattform betterplace.org oder die Avaaz-Aktivisten, die online Millionen Menschen mobilisieren, sind wohl eher das, was der Wissenschaftler ermöglichen wollte.

Es ist sozusagen im Sinne des Erfinders, wenn Eltern ihre Kinder nicht nur auf die Gefahren im Internet vorbereiten, sondern ihnen auch die Möglichkeiten zeigen, die dieses mächtige Werkzeug bietet.

Ich suche für Maria deshalb auch immer nach Nachrichten von Menschen, denen durch das Internet geholfen wurde. Und dann erzähle ich ihr davon. Zum Beispiel die Geschichte von

> **Das Internet birgt nicht nur Risiken, sondern auch vielfältige Möglichkeiten – das sollten Eltern ihren Kindern vermitteln.**

James Robertson aus Detroit. Der Fabrikarbeiter musste täglich 33 Kilometer zur Arbeit laufen, weil er sich kein Auto leisten konnte. Bis ein 19-Jähriger davon auf Facebook las und im Netz bei GoFundMe.com eine Spendenaktion für den 56-Jährigen startete. Über 350 000 Dollar kamen zusammen. Danach bedankte sich Robertson bei den Menschen, meinte zu seinem plötzlichen Reichtum aber auch: »Ich bin hoffentlich bereit für das, was passiert.«[98]

Während ich das Maria vorlas, hatte ich kurz einen Kloß im Hals. Ich erinnerte mich nur zu gut an dieses »Hoffentlich bin ich bereit«-Gefühl. Als ich 2007 Maria im Bauch mit mir herumtrug, sprang es mich dauernd aus irgendeiner Ecke an. Ich machte mir endlose Gedanken über das, was kommen würde. Und ein Teil davon wuchs direkt vor meinen Augen: das mobile Netz. Mein damaliger Chef gehörte zu den ersten iPhone-Nutzern. Zwar gab es schon Handys mit Internet-Verbindung, aber die Displays waren klein, die Verbindungen teuer. Die virtuelle Welt war noch an Computer und Laptop gebunden, wartete geduldig zu Hause oder im Büro. Soziale Netzwerke und Computerspielwelten schienen bei Jugendlichen noch über Zeitvereinbarungen und Router regulierbar zu sein. Mit dem Smartphone wäre das vorbei. Das wurde mir klar, je öfter sich mein Chef in den Konferenzen nebenbei mit seinem iPhone durchs Internet blätterte. Nach Marias Geburt entschieden wir uns gegen den Kauf von Smartphones und Tablet. Wir wollten sie ihre ersten Kindheitsjahre so analog wie möglich erfahren lassen. Erst 2012 legten wir uns iPhones zu, die schnell zu digitalen Gliedmaßen wurden. Heute kann ich mir nicht mehr vorstellen, darauf zu verzichten. Wenn ich ohne Facebook, Twitter, WhatsApp, Mails und Google in der Tasche aus dem Hause gehe, fühle ich mich irgendwie ein bisschen nackt. Dabei ist es eher anders herum.

Seit ich das Smartphone mit mir herumtrage, hinterlasse ich nicht nur im Internet Datenspuren. Auch meine realen Schritte werden zu virtuellen Pfaden. Über Metadaten wird gespeichert, wo und wann sich mein Handy mit einem Funkmast verbindet, selbst wenn ich niemanden anrufe und nicht im Netz surfe. Mein Smartphone speichert standardmäßig, wann ich wo welches Foto geschossen habe, kann mich per GPS orten. Als mir das bewusst wurde, habe ich versucht, den Datenausstoß so weit wie möglich zu drosseln und über die Funktion Ortungsdienste und Standortfreigabe den einzelnen Apps den Zugriff auf diese Daten entzogen. Trotzdem werden sie irgendwo gesammelt und es wäre damit relativ einfach herauszufinden, wo ich arbeite und wohne, welche täglichen Gewohnheiten ich habe, wer meine Familie ist. Seit dem letzten Update würde sich mein Smartphone auch über Zahlen zu Fitness, Ernährung, Schlaf und Herzfrequenz freuen. Die werde ich ihm nicht geben – vorläufig. Noch finde ich diese Vorstellung gruselig – ich als gläsern digitalisierter Patient. Aber vielleicht ist das in ein paar Jahren schon Normalität.

»Es ist einfacher, die Zukunft zu erfinden, als sie vorherzusagen«, sagte einmal der US-Informatiker Alan Kay.[99] Ein Satz, der für mich gleichzeitig die Chancen und das Dilemma der digitalen Welt beschreibt. Jede Erfindung kann im Netz ihre eigene Dynamik entfalten und einen völlig anderen Weg einschlagen, als eigentlich beabsichtigt. So wie das Netzwerk »The Onion Routing«, kurz TOR.[100] Idee des Projektes war es, eine Möglichkeit zu finden, unter bestimmten Bedingungen anonym im Netz zu surfen. Denn bis dahin war jeder Seitenaufruf, jeder scheinbar anonyme Kommentar, jede Mail zur IP-Adresse des Gerätes zurückverfolgbar. Ein Fakt, den sich autoritäre Systeme bei der Verfolgung ihrer Kritiker zunutze machen. Um die Jahrtausendwende wurde mit Unterstützung des US-Verteidigungsministeriums begonnen, an einer neuen Software zu arbeiten, die Spuren im Netz verwischt. TOR zerlegt die Daten wie ein Puzzle und verschickt sie so gestreut, dass die Identität des Absenders weitgehend verschleiert bleibt.

> Man hinterlässt weniger
> Spuren im Netz, wenn man TOR
> auf seinem Rechner
> installiert.

Wer TOR auf seinem Rechner installiert, kann sich virtuell anonymer bewegen. 2011 ehrte die Free Software Foundation das TOR-Projekt für seinen gesellschaftlichen Nutzen. TOR ist für Oppositionsbewegungen, Journalisten, Menschenrechtler und Whistleblower ein wichtiges Hilfsmittel.

Nun ist es so, dass zum Internet auch das sogenannte »Deep Net« gehört. Das sind beispielsweise Datensätze, die nur über Passwörter zu erreichen sind, wie interne Firmennetze oder Datenbanken von Krankenhäusern. Webseiten, die nicht von Suchmaschinen wie Google gefunden werden können. Und Seiten, die unter der Adresse .onion Anonymität garantieren. Wäre das Web ein See, dann wäre, was wir landläufig als Internet verstehen, nur die Oberfläche. Das Deep Net würde bis auf den Grund reichen.

Um sich dort bewegen zu können, braucht man einen Taucheranzug. Das ist TOR. Nutzt man diese Software, kann man sich mit anderen Tauchern im Verborgenen treffen und austauschen. Wie Glenn Greenwald und Edward Snowden, die mit Hilfe von anderen Whistleblowern als geheim eingestufte Informationen aus dem See sammeln konnte.

Um dort unten im Web auch anonym spenden oder zahlen

> Das Internet besteht
> aus drei Schichten:
> Surface Web, Deep Net
> und Darknet.

zu können, wurde 2009 die elektronische Währung Bitcoin erfunden. An der Wasseroberfläche können an Online-Börsen analoge Währungen in digitales Geld getauscht und unter Wasser direkt übergeben werden. Beim Auftauchen kann man das Online-Geld an der Wasseroberfläche dann wieder umtauschen.

Das macht die Tauchgänge auch für Kriminelle interessant. Aus diesem Grund kommt TOR in letzter Zeit vor allem im Zusammenhang mit dem Darknet in die Schlagzeilen. Darknet, so nennt man eine Ecke im See, die auch von ganz normalen Menschen genutzt wird, um unter Wasser quasi nicht-öffentlich kommunizieren zu können und die eigenen Daten zu schützen.

Hier treffen sich aber auch dunkle Gestalten, um Drogen, Waffen, Pornos oder Informationen zu verkaufen. Der bekannteste Handelsplatz war »Silk Road«, eine Art Amazon für wirklich alles. Entwickelt und ins Netz gestellt hat diese Website Ross Ulbricht. Ein junger amerikanischer Physiker, der von der selbstregulierenden Kraft des Marktes überzeugt war und mit seiner Plattform den Beweis antreten wollte. Er hat dort nie selbst etwas verkauft, nur Provisionen kassiert. Anfang 2015 wurde Ulbricht für das Betreiben der Website zu zweimal lebenslänglich verurteilt – nur aufgrund von digitalen Indizien wie Chat-Protokollen, Datensätzen und Mailadressen. Das Urteil sollte ein Exempel statuieren, abschrecken.

In Deutschland stand im gleichen Jahr ein 20-Jähriger vor Gericht, der über die Website »Shiny Flakes« fast eine Tonne Drogen verkaufte und bei seiner Festnahme über 300 Kilo Drogen in seinem Kinderzimmer lagerte. Er wurde zu sieben Jahren Jugendhaft verurteilt.

Zweimal lebenslang in einem Land, sieben Jahre in dem anderen.

Reichen Daten, die manipulierbar sind, als Indizien? Welchen Wert haben sie? Welchen Schutz verdienen sie? Auch diese Fragen und die Antworten darauf werden unsere Gesellschaft in den nächsten Jahren mitprägen.

Es wird eine Epoche, in der Daten ein wichtiger Bodenschatz sind. In der sich der Mensch zum ersten Mal in der Geschichte zum Schürfen des Reichtums nicht einmal die Hände schmutzig machen muss. Im Gegenteil. Mit Surfen, Chatten und Videos-Schauen kann ein Smartphone-Besitzer leicht 20 Megabytes Daten am Tag produzieren.

Wenn heute von Goldgräberstimmung die Rede ist, wird nach dem »Next Big Think«, der nächsten großen Vision, gesucht. Allein in Berlin greift ungefähr alle 20 Stunden ein Internet-Start-up zur Schaufel. Neu gegründete Firmen mit wenig Geld, deren Kapital viel Enthusiasmus ist – und der Glaube an ihre Idee.

Was ich meiner Tochter auf ihren Weg in diese rasante Zukunft mitgeben kann, sind Werte, Kreativität und Selbstvertrauen. Dass sie das Internet als Werkzeug sieht, welches ihrer

Idee und ihren Idealen Flügel verleihen kann. Dass sie nicht nur konsumiert oder ängstlich abwartet, sondern ihre Zukunft mitgestaltet.

Der Vater des World Wide Web, Tim Berners-Lee, meinte einmal im Interview: »Wir haben die Wahl. Das Internet ist nicht wie das Wetter. Für eine offene und demokratische Gesellschaft können und müssen wir kämpfen.«[101]

 **Klick-Tipps**

www.wdrmaus.de/filme/sachgeschichten/internet.php5 – Die *Sendung mit der Maus* zeigt, wie Information im Internet unterwegs ist.

www.sdtb.de/Das-Netz.2474.0.html – Dauerausstellung zum Thema Internet im Berliner Technikmuseum.

16 Wem gehört das Internet?

Schon als Sechsjährige war das Internet für Maria eine Selbstverständlichkeit. Aber sie hatte ihre eigene Vorstellung davon. Als ich erzählte, dass ich im Web eine Seite schreibe, meinte sie: »Was machst du, wenn die Seite voll ist?« Und als sie auf ihrem Tablet ein Zusatz-Profil mit WLAN-Zugang bekam, lief sie zum Papa und verkündete freudig: »Mama hat mir gerade das Internet geschenkt.« Meine Tochter, die noch intensiv um ihren Glauben an die Zahnfee kämpfte, als stolze Besitzerin des World Wide Web! Eine aberwitzige Vorstellung. Und doch hatte sie recht. Ein bisschen.

Der frühere Kulturstaatsminister Michael Naumann verglich das Netz mit Luft, die allen und niemandem gehört. »Das Internet ist der Sauerstoff des globalen Welthandels«, schrieb er.[102] Um Sauerstoff zu produzieren, braucht es Bäume und Pflanzen. Für die virtuelle Lebensgrundlage sind es Modems, Router und Server. Um Daten ins Netzwerk einzuspeisen, zu verteilen, zu speichern, zusammenzusetzen und wiederzugeben. Es gibt sie als Modem- oder WLAN-Topfpflänzchen in Wohnungen, als Server-Parks und als Rechenzentren-Wälder. Sie gehören Vereinen, Firmen, Städten, Kommunen, Instituten oder Universitäten. 2013 gab es in Deutschland 48 600 dieser Server-Parks und rund 2 500 Rechenzentren-Wälder. Deren IT-Equipment, wie Server und Speichersysteme, steht jeweils auf einer Fläche von mehr als 100 Quadratmetern.[103] »Über

90 Prozent der Datenlieferanten sind Energieversorger, Gebietskörperschaften und Telekommunikationsnetzbetreiber.«[104]

Statt Erde und Wasser brauchen sie gigantische Mengen an Strom und Kabeln. Mit der steigenden Datenflut sind die alten Telefonkupferkabel überfordert, braucht es Breitband- und Glasfaserkabelanschlüsse. Marktführer ist in Deutschland die Telekom, die 1995 im Zuge der Privatisierung der staatlichen Bundespost entstand und bei der die Bundesregierung sowie die staatliche Förderbank KfW Anteilseigner sind. Um den Wettbewerb zu fördern, wurde als Kontrollbehörde die Bundesnetzagentur gegründet und der ehemalige Monopolist verpflichtet, seine Kabelinfrastruktur gegen Mietgebühren auch Konkurrenten bereitzustellen. So können auch andere Anbieter vom Telekom-Netzwerk profitieren.

> Tiefseekabel sind die Lebensadern für das Internet.

Doch die Daten müssen nicht nur über Land fließen, sondern auch im Sekundentakt von Kontinent zu Kontinent geschickt werden können. Dafür gibt es Tiefseekabel, die Telekommunikationsunternehmen oder Konsortien gehören, und von denen durch Nord- und Ostsee auch zehn nach Deutschland führen. Insgesamt verbanden im vergangenen Jahr 293 dieser im Meer versenkten Kabel die Erdteile, 28 waren in Planung,[105] darunter eines von Google für die Amerika-Asien-Route und eines als Gemeinschaftsprojekt »Marea« von Microsoft und Facebook zwischen Amerika und Europa. Diese Tiefseekabel sind die Lebensadern für das Internet. Als 2006 ein Seebeben das Kabelnetz vor Taiwan beschädigte, waren Millionen Menschen betroffen. »Für Zehntausende Unternehmen in Taiwan, China, Hongkong, Singapur, Japan und den Philippinen gab es für etwa fünf Wochen kein World Wide Web mehr. Der Bankenverkehr, das Buchen von Flügen, der E-Mail-Austausch waren nur noch eingeschränkt möglich. Der Schaden ging in die Milliarden Dollar.«[106]

Beim neuen Highspeed-Kabel »Marea« sollen über 6 600 Kilometer Entfernung sekündlich 160 Terabit Daten übertragen werden. Das entspricht ungefähr 43 Milliarden DIN-A4-Seiten, die im Sekundentakt hin und her geschickt werden. Damit sie auch alle dort ankommen, wo sie hinsollen, haben alle Seiten und Computer im Internet eine IP-Adresse, eine ellenlange Zahlenkette. Nur kann sich die niemand merken. Deshalb wurde Anfang der 1980er-Jahre das »Domain Name System« (DNS) entwickelt, das jeder Zahlenkette einen merkbaren Namen wie »computerkind.de« zuweist. Das DNS ist sozusagen das Telefonnummernverzeichnis des Internets. Anfangs gab es dafür nur regionale Verwalter. Doch je größer das Netz wurde, desto dringender brauchte es eine Art zentrales Telefonbuch.

Auf Initiative der US-Regierung wurde Ende der 1990er-Jahre die gemeinnützige »Internet Corporation for Assigned Names and Numbers«, kurz ICANN, gegründet. Manchmal wird diese Organisation mit Hauptsitz in Kalifornien als »Weltregierung des Internets« tituliert. Was nur bedingt stimmt, wie der Online-Journalist Alexander Svensson in seinem Blog erklärt:

»ICANN hat weder die Kompetenzen noch den Etat oder das Personal, eine Welt-Internetregierung zu stellen. Über viele Aspekte des Internets wird an anderer Stelle beraten und entschieden, z. B. bei G-8 und WTO[107] (e-Commerce) oder bei IETF[108] und W3C[109] (Standards). Dennoch ist ICANN derzeit das Gremium im Internet, auf das sich viele Akteure – von Regierungen über Unternehmen bis zu Bürgerrechtlern – konzentrieren. ICANNs technische Entscheidungen können starke politische und wirtschaftliche Auswirkungen haben.«[110] Denn nur diese Organisation kann das Internet vergrößern, indem sie neue Top-Level-Domains wie .blog oder .berlin in das virtuelle Adressbuch aufnimmt und so mehr Sauerstoff durchs Netz fließen lässt.

Diesen Sauerstoff können Regierungen teilweise aus dem Internet absaugen – solange er durch Leitungen fließt. Mit Hilfe von Gesetzen oder Manipulation.

In Russland beispielsweise wurde das Datenschutzgesetz dahingehend geändert, dass alle personenbezogenen Daten russischer Bürger auf Servern im Land gespeichert werden müssen. Außerdem wurde 2016 geplant, »den gesamten russischen Datenverkehr an Schnittstellen zum Ausland zu kontrollieren

> Regierungen oder große Firmen können dem internet durch Gesetze oder Manipulation Lebensenergie absaugen.

und ein Register aller IP-Adressen in Russland zu erstellen. Nur Netzbetreiber mit einer staatlichen Lizenz dürften dann Verbindungen nach außen schalten.«[III]

Der türkische Ministerpräsident Erdogan versuchte 2015 seinem Volk zeitweise den Zugang zu Twitter und YouTube zu sperren. Die türkischen Telefongesellschaften, durch deren Leitungen und Server die Daten fließen, leiteten ihre Landsleute bei Aufruf der jeweiligen IP-Adressen einfach auf andere Seiten um, ähnlich wie es bei einer Fehlermeldung geschieht. Allerdings nehmen vor allem junge User die Sperren sportlich und finden andere Wege zu Twitter & Co. »Man kann eine Art Tunnel durch die Sperren aufbauen. Die Technik nennt sich Virtuelle Private Netzwerke. Der gesamte Datenverkehr wird dann wie in eine Kapsel verpackt und kann nicht mehr mitgelesen und kontrolliert werden«, erklärt der Berliner Wissenschafts- und Technik-Journalist Jan Rähm. Noch einen Schritt weiter geht das Netzwerk TOR, dass zusätzlich verschleiert, wer gerade surft und welche Seiten und Dienste er nutzt.

Es sind aber nicht nur Regierungen, die den Internet-Verkehr der Nutzer regeln wollen. IT-Riesen wie Facebook und Google planen, mit Hilfe von Ballons und Drohnen das Web auch in abgelegene Weltregionen zu bringen, in die kein Kabel reicht. In Indien, wo Millionen auf dem Land zwar Mobiltelefone, aber keinen Zugang zum Internet haben, wollte Mark Zuckerberg mit »Free Basics« kostenloses Internet über das Mobilfunknetz anbieten. Als »Brücke zur digitalen Gleichheit« pries der Facebook-Gründer seine App an.[112] Doch die ist eingeschränkt, nur bestimmte Seiten können frei abgerufen werden. Welche das sind, legt der Konzern vorher fest. Die indische Regulierungsbehörde Telecom Regulatory Authority of India erteilte dem scheinbar großzügigen Angebot von Zuckerberg Anfang 2016 eine Absage – wegen Verletzung der Netzneutralität. Die garantiert, dass alle Daten gleichbehandelt werden. Egal, ob sie von einer kleinen Start-up-Seite losgeschickt werden oder von einem Milliarden-Unternehmen. Mit Zuckerbergs »Free Basics« wäre der Sauerstoff der virtuellen Welt nicht mehr selbstverständlich, sondern würde kontrolliert nur zu bestimmten Gegenden fließen. Der Beginn eines Zwei-Klassen-Webs.

Solange es aber Netzneutralität gibt, gehört das Internet ein bisschen auch meiner Maria. Sie könnte dort eine Idee wie einen Vogel in die Luft werfen und sehen, ob seine Schwingen ihn tragen. Denn anders als die Atmosphäre auf der Erde ist die virtuelle Luft auf den Menschen angewiesen. Sie braucht seine Daten, seine Ideen, seine Visionen. Ohne diese Moleküle würde das Internet trotz gigantischer Server-Wälder und Kabelwurzeln in sich zusammenfallen.

Deshalb gehört das Internet niemandem und allen. Es steht jedem frei, das Netz nicht nur als Datenlieferant zu konsumieren, sondern es mitzugestalten. So wie es die elfjährige Marley Dias tat.

Die kleine Afroamerikanerin hatte es satt, dass in Kinderbüchern vor allem Weiße und Jungs die Helden waren. Ihre Mutter, Vorsitzende einer Bürgerinitiative, meinte: Wenn es dich stört, dann ändere es! Mit Freundinnen legte Marley einen Blog an und startete eine Kampagne. Sie wollte für eine Kinderbibliothek Spenden sammeln, 1 000 Bücher mit schwarzen Titelheldinnen. Unter dem Hashtag #1000BlackGirlBooks ließ sie ihre Idee im November 2015 beim Social-Media-Dienst Twitter steigen. Journalisten wurden auf die Elfjährige aufmerksam, interviewten sie, luden sie in Talkshows ein. Das Internet war die Grundlage für ihren Erfolg, sagte Marley. »Online können wir eine Menge Türen öffnen.«[113] Zum Beispiel mit einem Hashtag als Schlüssel.

> Das Internet gehört niemandem und allen.

Denn die vorgestellte Raute, die bei der Suche nach Schlagwörtern helfen soll, funktioniert wie ein Fangnetz, das alle dazu verfassten Beiträge, auch Tweets genannt, zusammenhält. Je häufiger #1000BlackGirlBooks weitergeschickt (retweetet) wurde, ein neues Foto oder ein neuer Gedanke unter dem Hashtag dazu kam, desto größer wurde das Netz. Da bei Twitter & Co. jeder Nutzer unterschiedlich viele Follower hat, die seine Nachrichten eingeblendet bekommen, weiterschicken oder kommentieren können, kann sich eine Idee innerhalb kurzer Zeit explosionsartig verbreiten.

Erfolg kann aber auch Neider und dunkle Gestalten anziehen, die unter dem Doppelkreuz Bösartigkeiten posten, es verbiegen und sogar kapern können. Ein Troll-Angriff könnte aus #1000BlackGirlBooks auch ein Fangbecken für rassistische Sprüche machen. Denn bei Twitter & Co. werden die Beiträge (noch) nicht mit Algorithmen nach Beliebtheit oder Relevanz sortiert und eingeblendet, sondern nach der Eingabezeit.

Deshalb braucht es für die Aufzucht eines Hashtags auch immer wieder neue Pflege-Tweets. Marley Dias postete regelmäßig Blogbeiträge und Fotos von den neu eingetroffenen Buchspenden oder retweetete Beiträge, in denen ihr Hashtag und ihre Aktion positiv erwähnt wurden. Und sie suchte sich Verbündete. Am Ende sammelte die Elfjährige über 7000 Bücher und wurde von der US-Regierung bei einer Buch-Tour unterstützt, um vor Schülern im ganzen Land von ihrer Kampagne zu erzählen. »Ich möchte, dass sie verstehen, dass ihre Stimme zählt.«[114]

Vor 30 Jahren war das noch eine utopische Idee, die Herbert Grönemeyer in »Kinder an die Macht« zum Nummer-Eins-Hit machte: »Gebt den Kindern das Kommando, sie berechnen nicht, was sie tun. Die Welt gehört in Kinderhände«. In der virtuellen Welt kann diese Vision wahr werden. Dort zählt nicht

> Für Kinder und Jugendliche gibt es zahlreiche Möglichkeiten, die (Programmier-) Sprache der Zukunft zu lernen.

das Alter, sondern die Kreativität, sind die Jungen den Alten technisch häufig voraus.

Es ist eine historische Chance – und eine riesige Herausforderung.

Um unserer Tochter diese neue Möglichkeit nicht mit unseren Ängsten zu verbauen, hatten wir als Eltern schon früh versucht, sie an den virtuellen Werkzeugkasten heranzuführen, ihre Neugierde zu wecken und ihre Achtsamkeit zu schulen. Bei den Feinheiten aber stießen wir an unsere Grenzen. Als Maria ein eigenes Computer-Spiel erfinden wollte, musste ich sie mit einem »Kann ich nicht« enttäuschen. Wir kennen keine einzige Programmiersprache, können keine Apps entwickeln, keine Datenflüsse analysieren.

Doch die Internetkultur des Teilens lebt auch in der analogen Welt. In Programmierclubs, Workshops, Hackathons und Labs können Kinder und Jugendliche spielerisch die Chiffre des 21. Jahrhunderts lernen.

Eine dieser neuen Lernwerkstätten ist »CoderDojo«, eine Bewegung, die 2011 in Irland begann und inzwischen in fast 60 Ländern vertreten ist. Regelmäßig kommen Kinder und Jugendliche zusammen, um miteinander und voneinander zu programmieren zu lernen. Die Treffen werden von ehrenamtlichen Helfern organisiert, die die Fünf- bis 17-Jährigen unterstützen. Die Teilnahme ist kostenlos, man muss sich nur rechtzeitig anmelden. Auf der Internetseite der Organisation[115] können Eltern sehen, ob es in der Nähe einen »CoderDojo« gibt.

An Mädchen, Frauen und Mütter richtet sich das Angebot der »Rails Girls«. Initiatorin dieser Bewegung ist die Programmiererin Linda Liukas, die auch ein Kinderbuch schrieb, dessen Heldin Ruby Kindern die Grundbegriffe des Programmierens näherbringen soll. Die Finnin will Mädchen und junge Frauen ermutigen, Programmieren nicht als langweilige und komplizierte Wissenschaft zu verstehen, sondern als bunte und aufregende Möglichkeit, die Welt zu verändern. »Technologie ist die Zukunft, ein Teil der großen Revolution, die vor uns liegt. Es macht mir Sorgen, dass diese Veränderungen oder Umwandlungen nur von ein paar kalifornischen Jungs in den frühen Zwanzigern mit einer sehr engen Weltsicht angetrieben werden. Ich möchte mehr Vielfalt sehen«, sagte Linda Liukas in einem Interview.[116] Ihre spendenfinanzierte Bewegung wuchs weltweit, auch in Deutschland (unter anderem in Berlin und Hamburg) bieten »Rails Girls« so Workshops für Einsteigerinnen. Wenn Maria etwas älter ist, würde ich gern einen dieser Wochenendkurse mit ihr zusammen besuchen. Vorausgesetzt, sie findet es dann nicht uncool mit ihrer Mama zusammen zu lernen.

In diesem Fall könnte sie zu einer Lernwerkstatt gehen, bei der Eltern draußen bleiben müssen. Seit 2013 veranstalten die »Open Knowledge Foundation Deutschland« und das Netzwerk »mediale pfade« regelmäßig Wettbewerbe zur Förderung des digitalen Nachwuchses unter dem Namen: »Jugend hackt«.

Die Begriffe hacken und Hacker werden oft mit Kriminellen und Einbrüchen in digitale Systeme gleichgesetzt. Dabei sind Hacker in erster Linie kreative Technikenthusiasten, Programmmierer und Tüftler. »Sie lösen Probleme und bauen Dinge auf, sie glauben an Freiheit und freiwillige, gegenseitige Hilfe«, beschreibt Softwareentwickler Eric S. Raymond das Selbstver-

> Hacker sind kreative Technikenthusiasten, Programmierer und Tüftler. Es gibt drei Gruppen: Black-Hat-Hacker, Grey-Hats und White-Hat-Hacker.

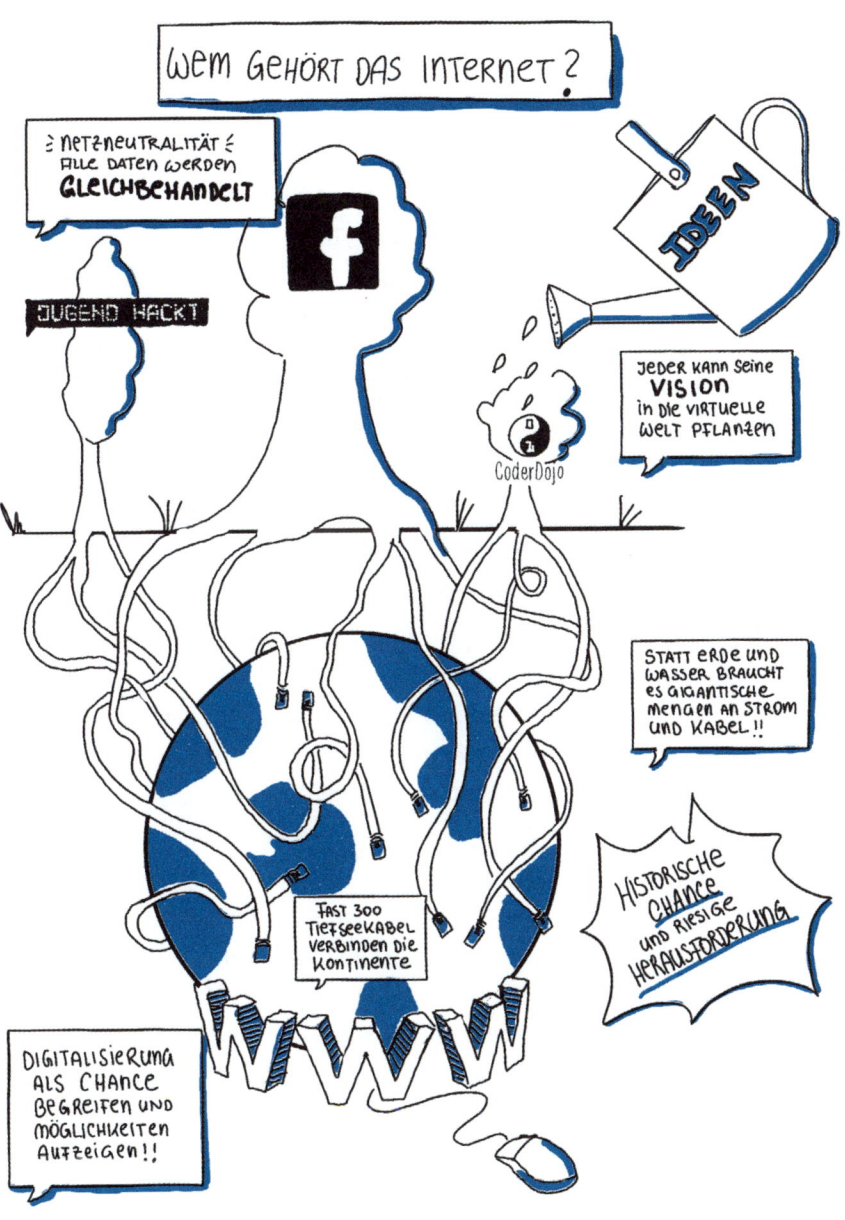

ständnis.[117] Hacker sind Internetpioniere mit verschiedenen Zielen. Angelehnt an Cowboy-Hüte in Westernfilmen werden drei Gruppen unterschieden: Es gibt die Bösewichter, Black-Hat-Hacker, die Netzwerke und Onlinebanken knacken, um sich zu bereichern. Es gibt Gesetzlose mit Idealen, sogenannte Grey-Hats, die einbrechen, um Zustände zu ändern, Verantwortliche zum Handeln zu zwingen. Und es gibt die Guten, die White-Hat-Hacker, die sich unter anderem in Firmen als Sicherheitsexperten engagieren, um Schwachstellen zu finden, oder die nach Wegen suchen, die virtuelle Welt menschenfreundlicher zu gestalten. In Deutschland organisieren sich viele von ihnen im »Chaos Computer Club«. Sie programmieren für den Schutz der Privatsphäre und die Informationsfreiheit von Daten, welche das öffentliche Leben betreffen.

»Bei uns kann jeder mitmachen, der die Welt verbessern will«, erklärte der Medienpädagoge Daniel Seitz von »Jugend hackt«.[118] Bei dieser mehrtägigen Veranstaltung treffen sich Jugendliche zum Programmier-Marathon, einem sogenannten Hackathon. 12- bis 18-Jährige können gemeinsam programmieren, designen, entwickeln, sich vernetzen, Spaß haben und versuchen, mit Daten an einer gerechteren Gesellschaft zu bauen.

Wer nicht in der Großstadt lebt und keine Möglichkeit zum Reisen hat, kann auch vom heimischen Rechner aus programmieren lernen. Entweder mit Apps wie »ScratchJr« oder in sogenannten MOOCs. Die Abkürzung steht für »Massive Open Online Course«, Online-Seminare, die von Universitäten oder Instituten angeboten werden und für alle zugänglich sind, ohne Studiengebühren dafür zu verlangen. Am Potsdamer Hasso-Plattner-Institut beispielsweise werden solche Kurse speziell für Schüler angeboten. [119] Im virtuellen Klassenzimmer können

Jugendliche allein oder mit Unterstützung ihrer Eltern und Lehrer das kleine ABC der Computersprache lernen, Hausaufgaben und digitale Lerngruppen inklusive. Diese neue Form des Lernens braucht neben Computer und Internetanschluss nur eine Menge Disziplin. Denn anders als in der realen Welt gibt es keine festen Unterrichtszeiten, keine Anwesenheitskontrolle.

Und selbst wenn Kinder nicht programmieren können oder wollen, haben sie die Möglichkeit, ihre Ideen einzubringen. Beispielsweise mit *Minecraft*, einem der meist verkauften Computerspiele weltweit. Spielend können sie städteplanerische Fähigkeiten entwickeln, sich mit Architektur auseinandersetzen und ihre Stadt der Zukunft entwerfen, unter anderem zusammen mit der evangelischen Jungen Akademie in Wittenberg. [120] Oder mit den Vereinten Nationen beim Projekt »Block by Block«. [121] Dort können Jugendliche und Kinder aus Krisengebieten wie Haiti ihre Heimatstädte nach ihren Bedürfnissen neu gestalten. Weltweit sollen 300 dieser virtuellen Entwürfe in die reale Welt zurückgebaut werden. Entwicklungshilfe in Zeiten der Digitalisierung, bei der Kinder ein Mitspracherecht haben.

Um Maria auf dieses Mitspracherecht vorzubereiten, müssen wir als Eltern die Digitalisierung unbedingt auch als Chance

> Digitalisierung als Chance zu betrachten — diese Sichtweise sollten wir unseren Kindern vermitteln.

begreifen, und ihr deren Möglichkeiten aufzeigen. Deshalb unternahmen wir Ende Mai 2016 auch einen Familienausflug zur »Tincon«, der ersten Internetkonferenz für Jugendliche.[122] Tincon steht für Teenageinternetwork Convention und wurde von den re:publica-Mitbegründern und Teenager-Eltern Tanja und Johnny Haeusler initiiert. Zwei Tage konnten sich 13- bis 21-Jährige ausprobieren. Als Redner, als Entwickler, als Konferenzteilnehmer, als Kreative, als Spieler, als digitale Jugendliche – ohne den Urteilen und den Ängsten der Erwachsenen ausgesetzt zu sein. Die waren explizit ausgeladen, durften erst am letzten Tag dabei sein.

So konnten wir miterleben, wie Maria das Robotermädchen Maria vom Deutschen Zentrum für Luft- und Raumfahrt (DLR) kennenlernte, am Stand des Teams vom DLR_School_Lab.[123]

Lab steht für Labor; diese Institutionen sollen Außenstehenden Zugang zu neuen Technologien und Wissen ermöglichen. Das erste FabLab (Fabrikationslabor) war kurz nach der Jahrtausendwende am Massachusetts Institute of Technology (MIT) gegründet worden. Daraus wuchs eine weltweite »Maker«-Bewegung. Auch in Deutschland gibt es in vielen Städten solche offenen Werkstätten von Initiativen, Universitäten oder Forschungszentren. Ausprobieren, Neugierde wecken und die neuen Möglichkeiten allen zur Verfügung stellen, das sind die Ziele dieser Labs.

Und so durfte Maria einen der humanoiden Roboter auch selbst programmieren. Ich kannte die knapp 60 Zentimeter großen Maschinen bis dahin nur aus TV-Beiträgen über den Roboter-Fußball-Cup und stellte mir ihre Bedienung wahnsinnig kompliziert vor. Maria hingegen setzte sich ohne Technik-Vorurteile an den Laptop, ließ sich die Bedienung erklären und probierte drauf los. Sie setzte aus fertigen Modulen für das Robotermädchen Maria Bewegungsketten zusammen, tippte ihr Worte in den Mund und ließ sie Luftgitarre spielen.

Vielleicht, meinte Maria danach, wird sie später Roboterlenkerin oder doch Spiele-Erfinderin. Ich werde ihr helfen, einen Ferienkurs zu finden, in dem sie lernen kann, eine App selbst zu programmieren. Solche Ferienworkshops zur spielerischen Annäherung an neue Medien bieten eine Vielzahl von Vereinen, Projekten und Initiativen kostenfrei oder für eine kleine Teilnehmergebühr an. Leider gibt es bisher noch keine bundesweite Webseite, die solche Angebote bündelt und verlinkt, weshalb die Suche etwas länger dauern kann. Es lohnt sich neben Google & Co. auch bei den Internetseiten des Bundesverbands Jugend und Film, der jeweiligen Landesmedienanstalt oder dem Jugendamt vorbeizuschauen, die solche Initiativen zum Teil fördern. Kinder und Jugendliche können in solchen Medienwerkstätten, von Profis begleitet, Einblick in die neuen Möglichkeiten bekommen und selbst kreativ werden. So können sie die digitalen Medien nicht nur konsumieren, sondern die virtuelle Welt auch mitgestalten.

Das wünsche ich mir auch für unsere Tochter! Ich möchte weiter gemeinsam mit ihr offenen Auges und mit Neugierde die virtuelle Welt erkunden. Ich wünsche mir, dass die Verbindung zwischen uns nicht abreißt, wenn sie sich mit den digitalen Medien in den Kokon der Pubertät zurückziehen wird. Ich möchte, dass sie dann bewusst und mit einem Wertekompass durch die unendlichen Weiten surfen wird und mit den virtuellen Werkzeugen souverän ihre Ideen in die digitale Welt schreiben kann. Ich wünsche ihr, dass sie dann das Gefühl haben wird, dass die Zukunft auch in ihren Händen liegt.

 **Klick-Tipps**

https://jugendhackt.org – Wettbewerb zur Förderung des Programmiernachwuchses.

https://open.hpi.de/ – Online-Kurse auch speziell für Schüler und Schülerinnen.

https://zen.coderdojo.com/?search=deutschland – »CoderDojo«-Lernwerkstätten in Deutschland.

http://railsgirlsberlin.de, http://railsgirls.com/frankfurt, http://railsgirls.com/hamburg, – Programmierworkshops speziell für Mädchen und Frauen.

http://junge-akademie-wittenberg.de/minecraft – Das Spiel *Minecraft* nutzen, um zu unterschiedlichsten Themen ins Gespräch zu kommen.

https://maker-faire.de – Festival für Erfinder und Bastler jeden Alters.

http://www.ccc.de – Die Hackervereinigung »Chaos Computer Club« organisiert Treffen und Veranstaltungen zu Computersicherheit und Informationsfreiheit.

http://tincon.org – Festival mit Workshops, Vorträgen und Aktionen von und für Jugendliche.

www.jugend-forscht.de – Wettbewerb für junge Forscher

https://3druck.com/labs – Übersicht über Makerspaces & Co.

Danksagung

Um mein Buch zu schreiben, brauchte es ein ganzes Dorf. Familie, Freunde, Wissende und Suchende. Ihnen allen möchte ich danken! Den Eltern, die mir von ihren Erlebnissen und Bedenken erzählten. Den Interviewpartnern, die sich meiner Fragen annahmen. Den vielen Medienpädagogen und Digitalexperten, die ihre Erfahrungen auf Konferenzen und im Internet teilen. Allen Kollegen, Freunden und Verwandten, die mir Rat und Zuspruch gaben.

Danken möchte ich auch meiner Lektorin Silke Foos, deren Fragen und Anregungen für mich ein Kompass waren. Diana Meier-Soriat, für ihre Sketchnotes und unser gemeinsames Wachsen. Nina Rücker, für unsere Freundschaft und ihren kritischen Blick auf jedes Kapitel.

Ich danke meinem Mann Luis Robles, für seine Liebe und seine bedingungslose Unterstützung. Petra Reim für ihr mütterliches Umsorgen und Manfred Reim für seine akribische Suche nach sprachlichen und gedanklichen Fehlern.

Und ich danke unserer wundervollen Tochter. Ohne dich, deine Fragen und deine Neugierde hätte es dieses Buch nie gegeben.

Anmerkungen

1 Konrad-Adenauer-Stiftung e. V. (Hrsg.): *Eltern unter Druck – Zusammenfassung der wichtigsten Ergebnisse der Studie*, S. 8, 2008. Abgerufen unter www.kas.de/upload/dokumente/2008/02/080227_henry.pdf

2 Landesanstalt für Medien Nordrhein-Westfalen (Hrsg.): *Mit Medien leben lernen – Tipps für Eltern von Vorschulkindern*, Düsseldorf 2007

3 Bundeszentrale für gesundheitliche Aufklärung (Hrsg.): *Gut hinsehen und zuhören!*, Köln 2009, S. 24f.

4 www.kindersoftwarepreis.de

5 https://www.studioimnetz.de/projekte/paedi-der-paedagogische-interaktiv-preis/

6 www.ene-mene-mobile.de

7 www.dji.de/index.php?id=43348

8 Deutsches Institut für Vertrauen und Sicherheit im Internet (Hrsg.): *DIVSI U9-Studie: Kinder in der digitalen Welt*, Hamburg 2015. S. 76. Abgerufen unter https://www.divsi.de/wp-content/uploads/2015/06/U9-Studie-DIVSI-web.pdf

9 Ebd.

10 Haeusler, Tanja/Haeusler, Johnny: *Netzgemüse: Aufzucht und Pflege der Generation Internet*, München 2012

11 Im November 2015 testete Stiftung Warentest 12 Anbieter in *Test*, 11/2015, S. 34-37

12 https://www.geocaching.com/about/history.aspx

13 Hajok, D./Rommeley, J.: »Exzessive Mediennutzung von Jugendlichen: Analyse der subjektiven Perspektive Jugendlicher auf problematischen Medienumgang«, in: *tv diskurs*, Heft 2, 2014, S. 76-79. Abgerufen unter www.fsf.de/data/hefte/ausgabe/69/hajok_rommeley_075_tvd69_3_2014.pdf

14 Hüther, Gerald: »Kinder brauchen Vertrauen. Die Bedeutung emotionaler Sicherheit für die Entwicklung des kindlichen Gehirns«, http://www.dijg.de/ehe-familie/forschung-kinder/vertrauen-entwicklung-hirn/ (gelesen 12.11.2014)

15 Dreyer, S./Lampert, C./Schulze, A. (2014): *Kinder und Onlinewerbung. Erscheinungsformen von Werbung im Internet, ihre Wahrnehmung durch Kinder und ihr regulatorischer Kontext – Zusammenfassung*. Abgerufen unter: www.lfm-nrw.de/fileadmin/lfm-nrw/Forschung/Zusammenfassung_LfM__Kinder_und_Onlinewerbung.pdf

16 www.yolandadominguez.com/en/project/kids-vs-fashion/

17 Tatsch, Isabell: »Filmwahrnehmung von Kindern«, www.kinderundjugendmedien.de/index.php/begriffe-und-termini/433-filmwahrnehmung-von-kindern

18 Bundeszentrale für gesundheitliche Aufklärung (Hrsg.): *Jugendsexualität im Internetzeitalter. Eine qualitative Studie zu sozialen und sexuellen Beziehungen von Jugendlichen*, Köln 2013. S. 148

19 Duhigg, Charles: »How Companies Learn Your Secrets«,
    in: *New York Times*, 19.02.2012. Abgerufen unter
    www.nytimes.com/2012/02/19/magazine/shopping-
    habits.html?_r=0

20 Stand August 2016, www.internetlivestats.com/

21 http://www.finger-weg.info/

22 »Knatsch an der Kasse«, in: *Der Spiegel* 12/1992, S. 122

23 Deutscher Bundestag, Drucksache 18/3726 (2015),
    »Gesunde Ernährung stärken – Lebensmittel
    wertschätzen«, S. 3. Abgerufen unter http://dip21.
    bundestag.de/dip21/btd/18/037/1803726.pdf

24 Martin-Jung, Helmut: »Wie Kinder sicher surfen«,
    in: *Süddeutsche Zeitung*. Abgerufen unter http://
    www.sueddeutsche.de/digital/software-fuer-besorgte-
    eltern-wie-kinder-sicher-surfen-1.2601351

25 Smith, Richard: »Girl runs up £4,000 bill buying up-
    grades to free games on dad's iPad«, in: *Mirror*, 18.7.2013.
    Abgerufen unter http://www.mirror.co.uk/news/
    uk-news/girl-runs-up-4000-bill-2060436

26 U. a. Lanier, Jaron: *Wem gehört die Zukunft? Du bist
    nicht der Kunde der Internetkonzerne. Du bist ihr Produkt*,
    Hamburg 2014

27 Epstein, R.: »How Google Could End Democracy«,
    in: *USNews*, 9.6.2014. Abgerufen unter http://www.
    usnews.com/opinion/articles/2014/06/09/how-
    googles-search-rankings-could-manipulate-elections-
    and-end-democracy

28 »Method and System for Anticipatory Package
    Shipping«, Patent No.: US 8,615,473 B2, 24.12.2013

29 DIVSI U9-Studie: Kinder in der digitalen Welt,

https://www.divsi.de/publikationen/studien/divsi-u9-studie-kinder-der-digitalen-welt/1-einfuehrung/

30 Infos zu Schutzsoftware gibt es unter anderem bei www.klicksafe.de unter dem Thema Jugendschutzfilter. Außerdem wurden im August 2015 vom Magdeburger Independent IT-Security Institute 17 Produkte getestet. Die Ergebnisse sind nachzulesen unter: www.av-test. org/de/news/news-single-view/test-kinderschutz-software-fuer-windows-und-mac-os-x/

31 BVerfGE 24, 119, Aktenzeichen: 1 BvL 20/63; 1 BvL 31/66; 1 BvL 5/67 http://opinioiuris.de/entscheidung/1563

32 Orange, Richard: »Swedish children complain their parents spend too long on phones«, in: *The Guardian*, 31.10.2013. Abgerufen unter http://www.theguardian.com/world/2013/oct/31/swedish-children-phone-addicted-parents

33 Bolin, Rebecca: »Opting Out of Spam: A Domain Level Do-Not-Spam Registry« (Yale Law & Policy Review), http://digitalcommons.law.yale.edu/cgi/viewcontent.cgi?article=1527&context=ylpr (Download 10. Januar. 2015)

34 Abedi, Isabel: *Blöde Ziege - Dumme Gans: Alle Bilderbuch-geschichten*, München 2009

35 Amft, Diana: *Die kleine Spinne Widerlich*, Köln 2011

36 Holzinger, T./Sturmer, M.: *Die Online-Redaktion: Praxisbuch für den Internetjournalismus*, Berlin/Heidelberg 2009, S.119

37 https://de.wikipedia.org/wiki/Wikipedia:Ignoriere_alle_Regeln

38 http://www.bildblog.de/5704/wie-ich-freiherr-von-
guttenberg-zu-wilhelm-machte/

39 www.spiegel.de/politik/deutschland/in-eigener-
sache-falscher-wilhelm-bei-minister-guttenberg-a-
606912.html

40 https://www.youtube.com/user/ZachKingVine

41 http://www.spiegel.de/panorama/cia-vergisst-
sprengstoff-nach-uebung-in-schulbus-a-1085123.html

42 http://www.der-postillon.com/2016/03/menschheim.
html

43 http://hoax-info.tubit.tu-berlin.de/hoax/

44 https://www.facebook.com/zddk.eu

45 http://hoaxmap.org/

46 https://www.bsi-fuer-buerger.de/BSIFB/DE/Home/
home_node.html

47 https://www.google.com/imghp

48 www.amnestyusa.org/citizenevidence/

49 http://www.stern.de/digital/online/anonymous-
enttarnte-rechte-facebook-hetzer-mit-genialem-
trick-6709982.html

50 Kastrenakes, J.: »Google's chief internet evangelist
says 'privacy may actually be an anomaly«, in:
The Verge, 20.11.2013. Abgerufen unter www.theverge.
com/2013/11/20/5125922/vint-cerf-google-internet-
evangelist-says-privacy-may-be-anomaly

51 Sommersberg, A.: »Cybermobbing: Das bedeutet 24
Stunden Terror«, in: *Kölner Stadtanzeiger,* 22.09.2014.
Abgerufen unter www.ksta.de/ratgeber/familie/
cybermobbing--das-bedeutet-24-stunden-
terror--945356

52 www.statewatch.org/news/2016/jan/echr-workplace-surveillance-barbalescu-v-romania-prel.pdf

53 Köver, C.: »Wie ein dänischer Entwickler sein Schlafgewohnheiten-Tool gegen Facebook verteidigt«, in: *WIRED*, 2.3.2016. Abgerufen unter www.wired.de/collection/latest/dank-facebook-kennt-soeren-louv-jansen-die-schlafgewohnheiten-seiner-freunde

54 Laut www.internetlivestats.com

55 Meier, Christian: »Wir müssen ins Wasser springen und schwimmen«, in: *Die Welt*, 19.02.2016, S. 8

56 Landesanstalt für Medien Nordrhein-Westfalen (Hrsg.): *Kleine Daten, große Wirkung*. Düsseldorf 2013, S. 6. Abgerufen unter www.lfm-nrw.de/fileadmin/lfm-nrw/nrw_digital/Publikationen/DK_Big_Data.pdf

57 Ebd., S. 8

58 http://blog.uber.com/ridesofglory

59 https://web.archive.org/web/20141118192805/http://blog.uber.com/ridesofglory

60 https://www.youtube.com/watch?v=GRidpO7kUO0

61 von Weiler, Julia: *Im Netz: Kinder vor sexueller Gewalt schützen*, Freiburg 2014, S. 87

62 Ebd., S. 98

63 Bündnis gegen Cybermobbing e. V. (Hrsg.): *Cyberlife – Spannungsfeld zwischen Faszination und Gefahr*, Karlsruhe 2013, S. 98. Abgerufen unter http://www.buendnis-gegen-cybermobbing.de/Studie/cybermobbingstudie.pdf

64 www.juuuport.de

65 Nummer gegen Kummer: Telefonnummer für Kinder und Jugendliche: 116111, für Eltern: 08001110550

66 https://www.youtube.com/watch?v=ncE6FAFkFW8

67 www.bmfsfj.de/kinderrechte

68 Computerspielemuseum (Hrsg.): *Aufschlag Games! Wie die digitalen Spiele in unser Leben traten*, S. 4

69 Bundesprüfstelle für jugendgefährdende Schriften (Hrsg.): *Counter Strike, Entscheidung Nr. 5116 vom 16.05.2002*, BPjS 3/2002

70 Die Drogenbeauftragte der Bundesregierung (Hrsg.): *Drogen- und Suchtbericht 2015*, Berlin 2015, S. 62-63

71 Medienpädagogischer Forschungsverbund Südwest (Hrsg.): *JIM-Studie 2015, Jugend, Information (Multi) Media*, Stuttgart 2015, S. 12

72 Bundesverband Informationswirtschaft, Telekommunikation und neue Medien e. V. (Hrsg.): *Jung und vernetzt. Kinder und Jugendliche in der digitalen Gesellschaft*, Berlin 2014, S. 35

73 Sauer, A.: »Ich sehe was, das du nicht siehst!«, Spieleratgeber NRW, http://www.spieleratgeber-nrw.de/site.2599.de.1.html

74 »Wer, ich?« Spiegel-Gespräch der Redakteure Dietmar Pieper und Barbara Supp mit Thomas Metzinger, in: *Der Spiegel*, Nr. 19/7.5.2016, S. 69-71

75 Quelle: Statista 2016, www.statista.com/statistics/263795/number-of-available-apps-in-the-apple-app-store/

76 www.LastExitFlucht.org

77 Preisträger stehen unter http://deutscher-computerspielpreis.de/preistraeger

78 Schnerring, A./Verlan, S.: *Die Rosa-Hellblau-Falle. Für eine Kindheit ohne Rollenklischees*, München 2008, S. 8

79 Bleuel, N.: »Auf immer Rosa und Hellblau?«, in: *Nido* 06/2016, S. 23-28

80 Junco, R.: »Warum ihre Tochter Minecraft spielen sollte«, in: *Das Netz*, 10.12.2015, http://dasnetz.online/warum-ihre-tochter-minecraft-spielen-sollte/

81 Bepanthen Kinderförderung (Hrsg.): »Stress-Studie 2015: Burn-out im Kinderzimmer: Wie gestresst sind Kinder und Jugendliche in Deutschland?«. Abgerufen unter http://www.presseportal.de/pm/113164/3056160

82 Brinkmann, Sören: »YouTube ist erwachsen geworden«, Deutschlandfunk, 25.06.2016

83 Donghi, R.: »Vater von Paul (12) nach der Rückkehr zu BLICK«, in: *Schweizer BLICK*, 30.06.2016

84 Muuß-Merholz, J./Pfeiffer, T.: *Mein Kind ist bei Facebook. Tipps für Eltern*, Hallbergmoos 2012; Albers-Heinemann, T./Friedrich, B.: *Das Elternbuch zu Facebook, WhatsApp, YouTube & Co.*, Heidelberg 2014; Wampfler, Philippe: *Generation* »Social Media«. Wie digitale Kommunikation Leben, Beziehungen und Lernen Jugendlicher verändert, Göttingen 2014; Rüdiger, T.-G./Pfeiffer, A. (Hrsg.): *Game! Crime?*, Frankfurt am Main 2015

85 Amadeu Antonio Stiftung (Hrsg.): *Gaming und Hate Speech. Computerspiele in zivilgesellschaftlicher Perspektive*, Berlin 2015, S. 15. Abgerufen unter https://www.amadeu-antonio-stiftung.de/w/files/pdfs/gaming-internet-1.pdf

86 Rüdiger, T.-G./Pfeiffer, A. (Hrsg.): *Game! Crime?*, Frankfurt am Main 2015

87 School of Public Health (Hrsg.): *Adult Film Performers Transmission Behaviors and STI Prevalence*, http://

www.aidshealth.org/wp-content/uploads/2013/06/
Adult-film-poster-STD-Prevention-2014.pdf

88 *Nur Porno im Kopf*, Martin Daubney, 2014, https://www.
youtube.com/watch?v=87xKoR5vncM

89 Datensatz *Jugendsexualität im Internetzeitalter*, BZgA, 2011

90 Bundeszentrale für gesundheitliche Aufklärung (Hrsg.):
*Jugendsexualität im Internetzeitalter. Eine qualitative Studie
zu sozialen und sexuellen Beziehungen von Jugendlichen*,
Köln 2013. S. 181

91 »The Day the Infant Internet Uttered its First Words«,
University of California, www.lk.cs.ucla.edu/internet_
first_words.html

92 Tomlinson, R.: »The First Network Email«, openmap.
bbn.com/~tomlinso/ray/firstemailframe.html

93 Cerf, V./Kahn, B.: »A Protocol for Packet Network
Intercommunication.«, IEEE Transaction on
Communications, 22(5), May 1974. Einsehbar unter:
www.cs.princeton.edu/courses/archive/fall06/
cos561/papers/cerf74.pdf

94 http://www.fullpower.com/home/philippe_kahn

95 http://webfoundation.org/about/vision/history-of-
the-web/

96 Lee, C.: »Where Have all the Gophers Gone? Why the
Web beat Gopher in the Battle for Protocol Mind Share«,
http://ils.unc.edu/callee/gopherpaper.htm

97 Wagner, L.: »Captain Future«, in: *SZ-Magazin*, Heft
52/2015

98 Laitner, B.: »For walking man James Robertson, 3
whirlwind days«, in: *Detroit Free Press*, 10.02.2015.
Abgerufen unter http://www.freep.com/story/news/

local / michigan / oakland / 2015 / 02 / 03 / robertson-meets-fundraiser / 22785185 /

99 TED-Talk mit Alan Kay von 2007 https: / / www.ted. com / speakers / alan_kay

100 https: / / www.torproject.org /

101 Löpfe, P.: »Offenes Internet für alle«, in: *Migros Magazin*, Heft 19 / Mai 2015. Abgerufen unter https: / / www.migrosmagazin.ch / menschen / interview / artikel / tim-berners-lee-offenes-internet-fuer-alle

102 Naumann, M.: »Wem gehört das Internet«, in: *Die Zeit* 4 / 2010. Abgerufen unter www.zeit. de / 2010 / 04 / P-Meinung-Internet

103 BITKOM (Hrsg.): *Rechenzentren in Deutschland: Eine Studie zur Darstellung der wirtschaftlichen Bedeutung und der Wettbewerbssituation*, Berlin 2014, S. 11

104 Bundesnetzagentur (Hrsg.): *Bericht der Bundesnetzagentur über Nutzung des Infrastrukturatlas 2013*, Bonn 2014, S. 5

105 http: / / www.submarinecablemap.com

106 Sietz, H.: »Für fünf Wochen war es still im World Wide Web«, in: *Frankfurter Allgemeine Zeitung* 18.10.2007

107 World Trade Organization, https: / / www.wto.org /

108 Internet Engineering Task Force, https: / / www.ietf.org /

109 World Wide Web Consortium, https: / / www.w3.org /

110 Svensson, A.: »FAQ: ICANN für Neueinsteiger«, www. icannchannel.de / einsteiger.htm#regierung

111 Steinlein, E.: »Das Netz wird enger: Russische Behörden zensieren das Internet«, 29.03.2016, https: / / www.torial. com / eva.steinlein / portfolio / 121497

112 Zuckerberg, M.: »Free Basics protects net neutrality«, in: *Times of India,* 28.12.2015. Abgerufen unter http: / /

blogs.timesofindia.indiatimes.com/toi-edit-page/
free-basics-protects-net-neutrality/

113 »The Inspiring, Everyday People Behind Powerful
Online Movements«, in: *Huffington Post*, 18.05.2016.
Abgerufen unter http://www.huffingtonpost.com/
entry/people-behind-online-movements_
us_571ff824e4b01a5ebde3ea28

114 Davis, E.: »Meet the girl collecting #1000BlackGirl
Books for libraries, schools«, in: *Today*, 31.05.2016.
Abgerufen unter http://www.today.com/parents/
meet-girl-collecting-1000blackgirlbooks-libraries-
schools-t95506

115 https://zen.coderdojo.com/?search=deutschland

116 »Programmieren für Frauen: Die Rails Girls«,
in: *SisterMag* 03/2012, S. 132ff. Abgerufen unter
http://railsgirlsberlin.de/wp-content/uploads/
2012/11/railsgirls2-2.pdf

117 »How to become a Hacker«, dt. Übersetzung
http://koeln.ccc.de/prozesse/writing/artikel/
hacker-howto-esr.xml

118 Daniel Seitz auf der re:publica 2015 beim Panel
»Code + Ethik = <3«

119 https://open.hpi.de/

120 http://junge-akademie-wittenberg.de/minecraft

121 http://blockbyblock.org/

122 http://tincon.org/

123 http://www.dlr.de/schoollab/

Im Dialog bleiben

»Ein sehr einfühlsames Buch. [...] Als
kleiner Tipp: man profitiert besonders,
wenn man dieses Buch schon vor Beginn
der Pubertät der Kinder liest.«

Deutschlandradio Kultur

 Kösel   www.koesel.de